Rainer Eggebrecht · Besser umgehen mit Persönlichkeitstypen

Rainer Eggebrecht, geb. 1948 in München, hat nach dem Studium der Soziologie und Psychologie als Max-Planck-Stipendiat in Verhaltensforschung promoviert und 1985 eine Dissertation über »Emotionen im interkulturellen Vergleich« verfasst. Nach dreijähriger Ausbildung in Gesprächspsychotherapie und dreijähriger Ausbildung in Focusingtherapie arbeitete er in freien Therapiepraxen in München und Starnberg. Als Ausbilder und Lehrtherapeut leitet er seit 1990 das Institut für Gesprächs- und Focusingtherapie (IGF) in Weilheim/OBB.

Seit 1999 ist er offizieller Focusing-Koordinator für Deutschland, seit 2002 Privatdozent für moderne Therapieverfahren an der Universität Semmelweis in Budapest.

Der Autor ist Vater dreier Kinder und zu erreichen unter

E-Mail: igf-institut@t-online.de
Website: www.focusing-igf.de

Rainer Eggebrecht

Besser umgehen mit Persönlichkeitstypen

Therapeutischer Knigge und Kompendium
für Menschen in helfenden Berufen

igf

Februar 2005

Satz und Layout: Buch&media GmbH, München
Umschlaggestaltung: Kay Fretwurst, Spreeau
Herstellung und Verlag: Books on Demand GmbH, Norderstedt
Printed in Germany
ISBN 3-8334-2307-2

Inhalt

1 Charakterstrukturen

1.1 Einführung in die Charakterstrukturen

Charaktertheorien beschreiben den gemeinsamen Nenner von Gewohnheiten, Formen und Strategien, die Menschen als Antwort auf ihre Welt entwickeln.

Die diesbezüglich wichtigsten Erfahrungen machen Kinder dabei in dem Zeitraum zwischen Zeugung und dem sechsten Lebensjahr, wobei die Zeit bis zum Ende des zweiten Lebensjahres besonders bedeutsam zu sein scheint. Die Lernschritte nach dem sechsten Lebensjahr bewältigt das Kind dann vor allem mit bis dahin erworbenen Verhaltensmustern. Allerdings entscheidet sich oft erst dann, ob sich diese Muster zu einer Charakterstruktur verfestigen.

Im Lauf der kindlichen Entwicklung tauchen bestimmte natürliche Funktionen auf, wie Stehen, Gehen, Sprechen u.a. Eng verknüpft sind damit psychologische und soziale Funktionen, wie Zugehörigkeit, Unterstützung, Ehrlichkeit und Verantwortlichkeit.

Diese existenziellen Grundthemen spielen in der Entwicklung eine herausragende Rolle. Jedem Kind begegnen dabei Konflikte, die es zu bewältigen gilt.

1.2 Psychische Grundfunktionen

Die Grundfunktion der Zugehörigkeit benötigt man, um in die jeweilige Umwelt hineinzupassen. Schizoide haben das nicht besonders gut gelernt.

Die Grundfunktion der Unterstützung enthält verschiedene Aspekte:

- geben und annehmen,
- Stärkung annehmen und
- wissen, wie und wo man sie bekommt.

Orale und Kompensiert-Orale haben hier Schwierigkeiten.

Echtheit und authentische Selbstwahrnehmung ist ein wichtiges Kriterium für die Beziehung zu anderen. Narzissten können das nicht so gut.

Die Grundfunktion der Wertschätzung von Ehrlichkeit ist notwendig, um sich gut in die Familie und in größere soziale Gruppen integrieren zu können.

Psychopathen haben dies schlecht oder unvollständig gelernt.

Die Grundfunktion der Verantwortlichkeit und der Freiheit, sich auszudrücken, ist bei Masochisten unvollständig.

Einfach Dasein-können, sich ohne Leistung wohlzufühlen, ist für Rigide besonders schwierig. Für sie ist es wichtig, etwas zu tun (Phalliker) und/oder hübsch aussehen und wirken zu müssen (Hysteriker).

Die Bezeichnungen der einzelnen Typen sind aus der Psychopathologie abgeleitet – deshalb hört sich krankhaft an, was in Wirklichkeit nur menschlich ist. Die Typenbenennungen klingen heute diskriminierend. Trotzdem weisen die einzelnen Bezeichnungen immer noch ein semantisches Bedeutungspotenzial auf, das es schwer macht, gleichwertige, weniger neurotische Bezeichnungen dafür zu finden. Bei der Darstellung der einzelnen Charaktertypen werde ich weniger wertbeladene Begriffe immer wieder einfließen lassen.

Jede Typenlehre vereinfacht und schematisiert. Im Grunde müsste es so viele verschiedene Typen geben wie es Menschen gibt.

Für Typisierungen gilt: Sie sollen möglichst übersichtlich und einfach sein – und einen hohen Erklärungswert aufweisen. Aufpassen muss man, dass man sich nicht zum Schubladendenken verführen lässt. Jeder Typ ist ein der Wirklichkeit entnommenes Abbild, aber niemals die Wirklichkeit selbst. Jeder Mensch hat von allen Typen bestimmte Anteile, er trägt vom Schizoiden bis zum Rigiden alles in sich.

Die Arbeit mit Charaktertypen ist sehr hilfreich, um uns selbst und andere besser zu verstehen und anzunehmen. Wenn dieses Wissen allerdings nur »kalt« im Kopf angewendet wird, dann degradiert es zu einem Instrument, mit dem andere Menschen in Schubladen eingeordnet und kategorisiert werden. Damit kann auch Macht ausgeübt und manipuliert werden.

Erst wenn wir uns von diesem Wissen in unserer therapeutischen Grundhaltung wirklich berühren lassen, wenn wir uns selbst und die Vielfalt menschlicher Verhaltensweisen damit besser erkennen, können wir anderen wirklich helfen. Dann benutzen wir dieses Wissen nicht, um andere zu be- oder verurteilen, sondern es steht als hilfreiches Werkzeug in unserem Methodenkoffer neben uns bereit, um den Entwicklungsprozess des Klienten zu fördern.

1.3 Zur Genese der Charaktertypen

Wilhelm Reich – zeitweise Lieblingsschüler von Sigmund Freud – entwickelte fünf grundlegende Charaktertypen, die er »schizoid«, »oral«, »psychopathisch«, »masochistisch« und »rigide« nannte.

Von Alexander Lowen – Reich-Schüler und Begründer der Bioenergetik – wurde diese Typologie weiterentwickelt.

Ron Kurtz ergänzte im Rahmen der Hakomi-Therapie diese Charaktertypen von Reich und Lowen, indem er drei von Lowens fünf Klassifizierungen in je zwei unterschiedliche Charaktere aufteilte:

- Den oralen Typus unterteilte er in »oral« und »kompensiert oral«.
- Den psychopathischen Typus unterschied er in »Psychopath 1« – den manipulativen Machtmenschen – und »Psychopath 2« – den charmanten Verführer.
- Der rigide Typus wird bei ihm in den »hysterischen« und den »phallischen« Typus aufgeteilt.

Bei Ron Kurtz gibt es somit bereits acht Grundtypen menschlichen Verhaltens.

Er entdeckte zudem noch zahlreiche weitere typenspezifische Details, die Reich und Lowen noch verborgen geblieben waren.

In der vom IGF weiterentwickelten und um therapeutische

Interventionen erweiterten Typologie sind vier weitere Typen hinzugekommen:

- der »narzisstische« Charaktertypus in den Grundstrukturen,
- der »depressive«, der »krankheitsneurotische« und der »borderline«-Typus in den mittleren Strukturen.

Zudem wird eine Unterscheidung getroffen zwischen:

- »frühen« (unteren),
- »mittleren« und
- »oberen« (späten) Strukturen.

(Anregungen dazu erhielt ich vor 15 Jahren durch Johannes Wiltschko, Ernst Juchli und Christiane Geiser, die Reich'sche Körperarbeit in der Schweiz praktiziert.) Diese Unterscheidung ist sehr wichtig und erfordert jeweils unterschiedliche therapeutische Interventionen bei:

- Problemen im »unteren« Bereich = Ich (Lebensgrundhaltung)
- Problemen im »mittleren« Bereich = Ich – Du (Selbstwert)
- Problemen im »oberen« Bereich = Wir (Rollenverhalten im Beziehungsraum)

Charakterstrukturen werden jetzt auch nicht mehr rein »pathologisch« betrachtet, sondern als geniale Kreationen des gesamten Organismus verstanden, die es dem Kind ermöglicht haben, in schwierigen Situationen den jeweils bestmöglichen Weg zu finden. Jede Charakterstruktur besitzt damit also auch besondere Stärken und Fähigkeiten, die es therapeutisch zu fördern gilt. Ganz neu ist auch die differenzierte Darstellung therapeutischer Interventionen im Umgang mit den jeweiligen Charaktereigenschaften, die in 15-jähriger Ausbildungspraxis praxisnah entwickelt und ausgearbeitet wurden.

Die Kenntnis der im Folgenden dargestellten Charaktertypen sowie die dafür notwendigen therapeutischen Techniken ermöglichen ein gesteigertes Verständnis und Mitgefühl für die schwierige Situation des Klienten auch in problematischen Therapieverläufen.

Ohne genaue Kenntnis der speziellen Charakter-»Fallen« und der Verstrickungsgefährdungen im Beziehungsraum können Therapeuten – trotz aufrichtigen Bemühens, echt, einfühlsam und akzeptierend zu sein – in charakterstrukturelle Fallen tappen und in selbsterfüllende Prophezeiungen verstrickt werden, die den therapeutischen Prozess unnötig verzögern, komplizieren oder gar zum vorzeitigen Therapieabbruch führen.

1.4 Charakterstrukturen in der Übersicht

			transformiert
Befruchtung	Untere (frühe) Strukturen: Lebensgrundhaltung (Ich)		
	schizoid:	analytisch-zurückgezogen	zuverlässig, klar, sensibel
	oral:	abhängig-bedürftig	herzlich, gewährend
	kompensiert-oral:	übertrieben unabhängig	eigenständig, unterstützend
	narzisstisch:	diffus-unwirklich	harmonisch-einfühlsam
8 Monate	Mittlere Strukturen: Selbstbildung (Ich – Du)		
	psychopathisch 1:	impulsiv, machtvoll, manipulativ	unabhängig, kompetent, motivierend
	psychopathisch 2:	überhöflich, verführerisch, manipulativ	authentisch, charmant, stimulierend
	depressiv:	zurückhaltend, mutlos	beständig, ermutigend
	borderline:	übergangslos böse/gut	zentrierend-tolerant
	krankheitsneurotisch:	überwachsam-hypochondrisch	aufmerksam-verstehend
18 Monate	Obere (späte) Strukturen: Rollenfindung (Wir)		
	masochistisch:	aushaltend-leidend	belastbar, humorvoll, konfliktfähig
	hysterisch:	sehnsüchtig-dramatisierend, klammernd	temperamentvoll, lebensfroh, echte Nähe
4–5 Jahre	rigide (früher: phallisch):	leistungszentriert, angespannt perfektionistisch	tatkräftig, entspannt, weiche Gefühle

2 Die unteren/frühen, symbiotischen Strukturen

2.1 Einleitung

Empfangene oder verweigerte Liebe, Nestwärme und Anerkennung haben im ersten Lebensjahr einen maßgeblichen Einfluss auf unsere Lebensgrundhaltung. Daraus entwickelt sich eine frühe, noch symbiotisch erlebte Charaktergrundhaltung. Es ist ein Phänomen, dass trotz der unterschiedlichen genetischen und seelisch-geistigen Anlagen jedes Kind, von der Zeugung bis zum circa achten Lebensmonat, eine von drei Grund-Charakterstrukturen entwickelt. Maßgeblich hierfür sind positiv und negativ erlebte Erfahrungen und Ereignisse, die das Kind macht.

Diese drei Grund-Charakterstrukturen dürfen nur als Grund- oder Basismuster verstanden werden; die Weiterentwicklung zur eigenen Persönlichkeit führt im Lauf der Ontogenese später meist zu Vermischungen mit anderen Charakterstrukturen und erhält damit ihre individuell jeweils einmalige besondere Färbung.

Je früher sich eine Struktur ausbildet, desto existenziellere, allgemeinere und ganzheitlichere Bereiche umfasst sie. Je später eine Struktur sich verfestigt, desto spezifischere und umgrenztere Bereiche werden damit erfasst.

Untere Strukturen haben mit dem existenziellen Lebensgefühl zu tun, das mit der Grundhaltung der Eltern zum Leben insgesamt zusammenhängt. Hierbei geht es nicht um konkretes Verhalten, sondern um die Existenz im biologischen und transzendenten, nicht im personalen Sinn. Die unteren Strukturen bilden sich nicht entwicklungsgeschichtlich nacheinander aus, sondern werden alle in der Zeit zwischen Geburt und circa achtem Lebensmonat gebildet.

Meiner Meinung nach ist es in einer erfolgreichen Therapie notwendig, in der unteren Struktur anzukommen und eine wechselseitige unterstützende Verbindung zwischen den drei

Strukturanteilen (unten, Mitte und oben) entstehen zu lassen. Veränderung ist nur möglich, wenn ein Klient sich in seinem tiefsten Lebensgrund wahrnehmen und erfahren kann. Eine energetische Felt-sense-Erfahrung ist nur dann möglich, wenn wir bereit sind, tief bei uns selbst anzukommen und uns zu akzeptieren.

2.2 Die Grund-Charakterstrukturen

Im Folgenden werden die drei Grund-Charakterstrukturen in konzentrierter Form dargestellt. Wichtig ist für Therapeuten jeweils der Umgang mit bestimmten typenabhängigen Beziehungs- und strukturellen Fallen. Daher beginnt die Darstellung jeweils mit der gestörten Ausprägung eines Typus. Danach werden die gesunden Aspekte (unter der Überschrift: »Therapeuten mit transformierten ... Anteilen«) beschrieben und dann die positiven Eigenschaften jedes Charaktertypus nochmals zusammenfassend dargestellt. Diese positiven Anteile herauszuarbeiten, zu fördern und im Klienten zu »transformieren«, ist grundlegend für eine gute Therapie.

Unter Transformation versteht man, dass sich der Einzelne bewusst dafür entscheiden kann, welche Phasen welches Charaktertypus er leben möchte. Transformation bedeutet, dass der Wechsel zwischen verschiedenen Typen und Phasen (gesund – gestört) nicht mehr unbewusst und automatisch passiert – wobei Ängste und Verärgerungen auf das Gegenüber projiziert werden – sondern, dass man mehr Möglichkeiten erwirbt, seine Reaktionen auszuwählen. Und wenn die Auswahl größer wird, verändern sich auch die Reaktionen – sie werden zu lebendigen, selbstbestimmten Antworten.

Durch weniger Strukturgebundenheit wird das Leben auf ganz neue Weise aufregend: Es entsteht plötzlich eine Freude am Leben, die es innerhalb der strukturellen Identifikation nicht gibt. Eine Erfülltheit und ein Verstehen, was uns den Erfahrungen der Rogers-Skala auf der Stufe eins sehr nahe bringt.

Der Unterschied besteht darin, dass wir in all dem nun nicht mehr gefangen sind.

2.3 Die Grund-Charakterstrukturen im Einzelnen: Der sensibel-zurückgezogene Typus – der Existenzsucher – der schizoide Charakter

Elternhaltung:

Die Eltern zeigen eine Unsicherheit gegenüber dem Leben und Lebendigen, das Ja oder Nein zum Leben ist unklar. Sie sind abweisend, hart und unsensibel für die Bedürfnisse des Kindes. Das Kind ist nicht willkommen.

Antwort des Kindes:

Das Kind ist unsicher, ob es willkommen ist, ob es dazugehört und am richtigen Ort ist. Es fühlt sich abgelehnt und entwickelt folgende Einstellung: »Mit mir ist etwas verkehrt. Wenn ich meine Lebenskraft zeige, werde ich vernichtet.« Daher zieht es sich aus dem lebensfeindlichen Klima in eine innere, sichere, geordnete Welt zurück, die das Leben gewährleistet.

Existenzielles Thema:

Ich kann existieren, wenn ich keine Bedürfnisse habe.

Fragen: Bin ich überhaupt erwünscht? Habe ich ein Recht auf Leben? Bin ich hier willkommen? Gehöre ich überhaupt irgendwohin?

Innere Welt:

Schizoide Menschen ziehen sich sehr leicht in die eigene innere Welt der Fantasie zurück. Dabei erfinden sie oft eigene Welten und koppeln sich aus. Die Welt wird als feindlich und unsicher erlebt. Ihr Hauptproblem ist der Kontakt. Im Hintergrund lauert sehr schnell Bedrohung und Panik. Solche Menschen haben Schwierigkeiten, sich dem Leben zu stellen. Ihr Verhalten passt oft nicht zum Gefühl. Es kommt daher zu einer Spaltung von Körper und Geist, Selbst und Welt. Solche Menschen sind nicht genügend in Kontakt mit sich selbst und der Welt. Daher richten sie sich stark aus auf ein analytisches, logisches, kreatives und imaginatives Denken.

Kontakt und Beziehung:

Schizoide Personen sind sehr vorsichtig bis misstrauisch. Gefühle werden leicht als bedrohlich erlebt. Daher bilden sie lieber Theorien über Beziehungen, statt sie einzugehen. Sie sind sehr sensibel für Ehrlichkeit und Autonomie und brauchen viel Interesse. Um aus einem persönlichen Kontakt rauszugehen, erfinden sie innere Geschichten, während sie scheinbar den Kontakt halten. Wenn sie aufgefordert werden, Gefühle zu zeigen, sind sie leicht verletzt.

Erlösung:

Bedürftigkeit und Gefühle zulassen zu können.

Klientenmotivation bei Therapiebeginn:

Schizoid strukturierte Klienten kommen in Therapie, wenn ihre Art, die Welt zu erklären, keine Sicherheit mehr gibt. Das Leben wird oft als leer und fade empfunden: »Ich verstehe zwar alles, aber ich spüre nichts, ich verliere mich.«

Therapiebeginn:

Der Therapeut sollte viel Sicherheit vermitteln, den Klienten willkommen heißen und viel verbalen Kontakt halten. Er sollte offen und authentisch kommunizieren, da der Klient eine subtile Ablehnung sofort spürt. Räumlicher und Beziehungsabstand sind sehr wichtig.

Im Verlauf des Therapieprozesses kann Ablehnung und sogar Hass gegen den Therapeuten auftreten, daher: harmlos sein, kein Programm durchziehen und viel verbalen Kontakt halten. Zeige als Therapeut ein hohes Maß an Echtheit und gib zu, wenn du etwas nicht weißt.

Kein Manipulieren – der Klient merkt es sofort.

Typische strukturgebundene Verhaltensweisen:

In den Sätzen schwingt oft etwas Nichtgesagtes mit, Klienten wirken auf der Beziehungsebene manchmal leicht verwirrt. Im Grunde ist dem Klienten die Beziehung aber sehr wichtig, sie wird jedoch nur indirekt über ein inhaltliches Thema kommuniziert, nach dem Motto: Ich erzähle dir eine Geschichte, du erzählst mir eine Geschichte – daraus entsteht ein Verbindungsgefühl.

Oft wirkt es so, als würden Schizos abrupt aus der Beziehung gehen, in Wirklichkeit bleiben sie aber mit der Person verbunden. Sie gehen innerlich weg, um die Beziehung zu schützen und sind dann enttäuscht, wenn der andere sie vergisst, oder sie sind gekränkt, wenn ihnen das Weggehen vorgeworfen wird.

Therapieverlauf:

Während wir zusammen reden oder etwas machen, entsteht allmählich ein bisschen was »zur Seite« (Beziehungsebene) und »nach unten« (Körper); es ist nicht mehr nur die Geschichte wichtig. Mit der Zeit können dann Gefühle, das eigene Erleben und die Beziehung vorsichtig zum Thema gemacht werden.

Gefühle können jedoch nur schwer in innerer Achtsamkeit wahrgenommen werden, sie werden wie ein äußeres Thema besprochen. Wichtig ist dabei, auf »Beziehungsfunken« zu achten, auf direkte Begegnungen auf der Beziehungsebene, die mit wachsendem Vertrauen möglich werden: Dann ist ein äußeres Thema nicht mehr so wichtig, es entsteht z. B. eine Stille, ein »heiliger Moment« oder ein gemeinsames Lachen, ein sich Vertrautfühlen, über das man nicht zu reden braucht.

Körperarbeit:

Vorsicht bei jeder Form von Körperkontakt; wenn möglich, ruhige, klare, genau erklärte Kontaktaufnahme. Erkläre, was du warum tust und besprich deine Ideen, Impulse und Experimente ganz genau.

Wenn Körperkontakt, dann zuerst an eher unproblematischen Körperstellen (z. B. Hand stützend zwischen die Schulterblätter). Erst später: Kopf- oder Handkontakt. Bei Körperarbeit mit Schizos geht es um Energieabnehmen.

Gut sind Erdungsübungen, Kontaktimprovisationen, Ganzkörpermassagen, Arbeit an den Füßen und Gelenken. Bewegungs- und Kontaktübungen, die Energie in die Extremitäten bringen (zu Beginn ohne therapeutischen Körperkontakt).

Therapieende:

Der starke Wunsch nach Sicherheit und Klarheit wird relativiert durch das Wahrnehmen im unmittelbar gegenwärtigen Erleben der eigenen Gefühle. Der Klient hat in seinem Erleben einen Bezugspunkt gefunden, an dem er sich orientieren kann und an dem er erfährt, wer er ist, welche Einstellungen er hat und was er für sich – subjektiv – will. Er lässt sich jetzt mehr auf die Außenwelt ein. Sein gestärktes Selbstvertrauen hilft ihm, die Angst vor der – vermeintlich – unsicheren, chaotischen Umwelt zu überwinden und anderen zu vertrauen.

Therapeuten-Plus:

Zuhören, sich für die Geschichten, für die Themen des Klienten interessieren.

Nebeneinander sein, was zusammen machen, sich gut zusammen fühlen. Eine gute Haltung vermittelt dem Klienten: Ich möchte deine persönliche Sprache kennen lernen; in dir ist ein kreativer Prozess, der interessiert mich sehr. Begib dich in die Atmosphäre und innere Welt des Klienten hinein und antworte mit (manchmal symbolischen) Geschichten. Zu Beginn einer Therapie nie die Beziehungsatmosphäre direkt ansprechen.

Therapeuten-Minus:

Zu Beginn der Therapie die Beziehung ansprechen; dies kann wie ein Schock, wie eine Zurückweisung wirken.

Es mit den Mitteln des Klienten in seinem System noch besser machen wollen als er (z. B. noch rationaler, noch sachlicher, noch theoretischer als der Klient argumentieren).

Therapeuten mit (transformierten!) schizoiden Anteilen:

Sie haben schnell eigene Ideen und klare Zielvorstellungen zu dem, was vom Klienten kommt (= schizoides Sicherheitssystem). Daher ist es wichtig, eigene Ideen als etwas, was Sicherheit gibt, anzuerkennen, aber erst mal zur Seite zu stellen und sich als Therapeut am Klienten zu orientieren – später kann der Therapeut seine Ideen immer noch als kreative Vorschläge und experimentelle Ideen unterbreiten.

Mit Stimmungen umzugehen ist für Schizotherapeuten nicht einfach: Sie nehmen zwar schnell Stimmungen auf, neigen aber – strukturbedingt – dazu, sofort etwas daraus zu machen, zu schnell zu versachlichen oder vorschnell zu symbolisieren. Für sie ist es schwierig, bei einer Stimmung zu bleiben – sie kriegen stattdessen immer gleich Ideen, wie man therapeutisch fortfahren könnte.

Schizotherapeuten sind sehr ehrlich und gehen fair und objektiv mit anderen um. Ihre Fähigkeit zur Distanz ermöglicht ihnen, sich nicht in die Gefühlswirren der Klienten hineinziehen zu lassen. Sie beobachten genau, was Sache ist. Sie stellen einen Beziehungsraum zur Verfügung, der sehr sauber und frei von Missbrauchsgefahren ist, indem der Klient auf dem Boden seiner Wirklichkeit ankommen und sich selbst nüchterner und objektiver – mit mehr Freiraum zu den eigenen Themen – wahrnehmen kann.

Schizotherapeuten sind an vielem interessiert, mit besonderem Faible für Sachthemen – sie müssen daher besonders aufpassen, nicht zu übersehen, wie es dem Klienten im Augenblick wirklich geht.

Fähigkeiten und Stärken:

Ein transformierter, sehr gesunder Schizo – ob Therapeut oder therapierter Klient – zeigt ein tiefes Weltverständnis, beobachtet mit Wachheit und Scharfblick, ist erfindungsreich und kann große, originelle Ideen hervorbringen. Er kann sich konzentrieren, geistig vertiefen und besitzt ein großes Wissen. Er ist sehr sensibel, kreativ und offen für künstlerisch-ästhetischen Ausdruck. Zugleich hat er ein großes Symbolverständnis und auch ein spirituelles Potenzial für die Zusammenhänge hinter der Welt der Erscheinungen. Zudem eine tiefe Ehrlichkeit und Exaktheit im Wahrnehmen und Fühlen eigener und fremder Wirklichkeiten.

2.4 Der abhängig-gewinnende Typus – der Bedürfnissucher – der »orale« Charakter

Elternhaltung:

Die Eltern sind in ihrer Wahrnehmungsfähigkeit relativ unsensibel, spüren wenig und reagieren zu wenig auf die Bedürfnisse des Kindes. Sie verstehen die Zeichen des lebendigen Ausdrucks des Kindes nicht oder nur ungenügend. Vielleicht sind sie auch zu sehr mit ihren Alltagssorgen beschäftigt, sodass sie zu wenig Zeit und Energie zur Verfügung haben, um die Bedürfnisse des Kindes genügend zu erfüllen.

Antwort des Kindes:

Ich muss immer warten; ich kann nichts machen; ich weiß nicht, wie ich für mich sorgen kann. Das Kind entwickelt kein Vertrauen, es gibt auf, wenn die Mutter seine Bedürfnisse nicht erfüllt. Es bekommt und hat nie genug.

Bei lang andauernder Entbehrung hat das Kind drei Möglichkeiten, sich zu verhalten. Es kann:

- laut werden, Bedürfnisse appellierend zeigen (= oral)
- resignieren (= depressiv)
- kompensieren »ich brauche niemanden« (= kompensiert oral).

Existenzielles Thema:

Es ist niemand für mich da; ich bin ganz allein; ich kann keine wirkliche Unterstützung bekommen; ich kriege nie genug.

Ich kann Bedürfnisse haben, wenn ich nicht unabhängig bin.

Fragen: Ist da jemand, der für mich da ist, der sich um mich kümmert, der mich versorgt? Wie kann ich endlich genug bekommen?

Innere Welt:

Es geht um das Thema »zu viel« – »zu wenig«, um Abgrenzung und Grenzüberschreitung. Das, was man bekommt, ist – im gestörten Bereich – nie genug. Es entsteht eine innere Leere, wobei der gestörte Orale dauernd Stärkung sucht, diese aber dann nicht annehmen kann (»jetzt ist es zu spät«, »du machst das nur, weil ich es gesagt habe, nicht freiwillig«).

Orale werden nie satt und wenn, dann hält es nicht lange vor (»keiner liebt mich«, »keiner versteht mich«).

Dabei neigen sie zu Abhängigkeit, haben oft Angst vor der Zukunft und wollen ganz viel Aufmerksamkeit.

Gestörte Orale sind tief frustriert:
Sie wissen nicht, was sie wollen, wissen aber, dass sie etwas wollen.

Die Welt ist ihnen immer etwas schuldig. Oft tritt ein Gefühl der inneren Leere auf. Orale haben starke Angst, in ihrer Trauer zu ertrinken (»meine Traurigkeit ist so groß – wenn ich anfangen würde zu weinen, könnte ich nicht mehr aufhören«). Zugleich sind sie von einer starken Sehnsucht getrieben, endlich jemanden zu finden, der lang genug (immer) dableibt, der sich um sie sorgt, ohne dass sie dauernd etwas dafür tun müssen.

Diese andauernde Entbehrung führt zu Schwächegefühlen und zu Furcht, verlassen und allein gelassen zu werden. Gestörte Orale fühlen sich daher leicht hilflos, ungefüllt, leer und unsicher.

»Kompensiert« Orale (der unabhängige Typus):
Sie haben viel Energie zur Verfügung und vertreten folgende Anschauung: »Wenn ich mich auf andere verlasse, geht es schief. Ich komme ohne andere aus, ich kann/muss es allein schaffen, ich brauche keinerlei Unterstützung.« Sie nehmen ihre Bedürftigkeit nicht mehr wahr und setzen alles daran, autark zu sein (Asketen, Robinson-Typen, wie Reinhold Messner allein und ohne Sauerstoff auf den K2). Sie kämpfen allein und erwarten keinen Dank, aber nonverbal, in den Augen und in der Körpersprache kommt das Oral-Bedürftige zum Vorschein.

Kompensiert-Orale haben Angst, andere für sich sorgen zu lassen und versuchen deshalb, psychisch und körperlich stark zu sein und für sich selbst zu sorgen. Diese übertriebene Unabhängigkeit bricht unter Stress allerdings schnell zusammen.

Kontakt und Beziehung:
Gestört-Orale suchen Kontakt, zeigen dabei aber oft ängstliche Zurückhaltung: Wie viel Nähe darf ich geben/fordern? Wenn ich zu viel will, geht der andere weg. Verweigern/fordern ist problematisch, weil dann noch weniger Möglichkeit besteht,

vom anderen etwas zu bekommen; daher machen Orale mit, geben nach, passen sich an. Sind wenig in der Gegenwart, da sie stark auf die Zukunft hin orientiert sind, die sie sichern wollen.

Andere Bedürftige sind oft Konkurrenten. Typischer Satz: »alle denken an sich und nur ich denke an mich« oder: »alles Egoisten, keiner kümmert sich um mich«. Es geht stark um die eigenen Bedürfnisse, zugleich verbunden mit der Angst, zu viel zu wollen; Wunsch und Angst zugleich, sich anzulehnen, sich ausruhen und geborgen fühlen zu dürfen. Wenn sie z. B. in einer Gruppe fertiggesprochen haben, bleibt die Stimmung in der Luft hängen, sodass die anderen das Gefühl haben, dass es noch nicht zu Ende ist, was manchmal Ärger erzeugt (»was denn jetzt noch?«).

Orale sind sehr sensibel für Fehler im Geben (der gibt das nicht freiwillig, der will was dafür, oder er tut nur so); schon als Säugling hatte der Orale das Gefühl, er müsse etwas für seine Mutter tun.

Schuld und Vorwürfe sind bei Oralen immer rückwärtsgerichtet, daher ist Verzeihen-Lernen notwendig.

Klientenmotivation bei Therapiebeginn:

Orale Klientinnen zeigen sich verbal meist mit ihrer (kompensierenden) oberen oder mittleren Struktur. Die orale Bedürftigkeit ist aber relativ leicht erkennbar am suchenden, hilfsbedürftigen Blick. Oral strukturierte Klienten haben viel Energie um den Mund, reden gerne und lustvoll. Sie zeigen eine starke Sehnsucht, dass jemand da ist, ohne dass sie was dafür tun müssen.

Therapiebeginn:

Frühzeitig den oralen Anteil erkennen und auf ihn antworten. Bedürftigkeit merken und anerkennen (»ja, so ist es«). Wünsche dasein lassen, aber nicht gleich erfüllen. Der Klient soll zuerst lernen, Bedürfnisse wahrzunehmen, auszudrücken und konkrete Wünsche (Hilfsgesuche) zu formulieren.

Dies ist zu Beginn meist unmöglich. Solange aber wirkliche Bedürfnisse nicht genügend und realistisch wahrgenommen werden, dehnen sich die Ersatzbedürfnisse unscharf aus; es gibt kaum ein körperlich spürbares Empfinden von Genughaben. Daher geht es in der Anfangsphase einer Therapie meist nicht ohne Verletztheiten und Frustrationen ab.

Wichtig für den Therapeuten:

Anfangsgrundhaltung: »Ich will dich dabei unterstützen, dass du genau herausfinden kannst, was du wirklich brauchst.« Wünsche aussprechen lassen – sie dürfen da sein.

Typische strukturgebundene Verhaltensweisen:

Orale Klientinnen suchen jemanden, der sie versorgt. Dabei haben sie oft Probleme, in der Erwachsenenwelt zurechtzukommen, sind leicht entmutigt und brechen ab, wenn es zu schwer wird. Sie sind dankbar für die Zuwendung des Therapeuten und arbeiten gut mit, solange sie vom Therapeuten etwas bekommen. Dieses »Füttern« kann scheinbar endlos weitergehen, da der gestört Orale innerlich tief festhält, aus Angst, dass der Therapeut weggeht, ihn nicht mehr mag, dass er fallen gelassen wird. Wenn der Klient loslassen und sich öffnen möchte, hat er Angst, dass die Stunde nicht mehr reicht oder dass jetzt der falsche Zeitpunkt dafür ist und der andere genervt wird (was leider im Sinne einer selbsterfüllenden Prophezeiung oft auch zutrifft). Der Klient behält ständig das Gefühl, dass irgendetwas immer noch fehlt (er spürt dies oft erst nach der Therapiestunde).

Therapieverlauf:

Da das Thema des oralen Klienten das »zu viel« – »zu wenig« ist, ist es wichtig, dass der Therapeut nicht sagt »ich bin immer für dich da«, sondern: »ich bleibe nicht immer bei dir. Aber wir können jetzt eine Zeit festlegen, in der ich ganz sicher bei dir bleibe, was immer auch passiert (z. B. 15 Minuten)«.

In der abgemachten Zeit muss der Therapeut dann voll präsent und authentisch als Bezugsperson da sein – der Klient prüft zuerst, ob es der Therapeut wirklich ernst meint.

Beim Wunscherfüllen immer wieder überprüfen, ob's die richtige Zeit, die richtige Intensität, die richtige Nähe ist.

Da der orale Klient oft die Haltung hat »wenn ich meine Wünsche aussprechen muss, gelten sie nichts mehr – der andere sollte sie erspüren«, muss besonderer Wert auf klar erfüllbare Verhaltensänderungswünsche gelegt werden, die beide, Therapeut und Klient, sehr achtsam herausarbeiten. Wenn ein stabiles therapeutisches Arbeitsbündnis entstanden ist, kann der Therapeut auch »achtsam-aufdringlich« sein, z. B. den Klienten einfach in den Arm nehmen. Immer wenn Kränkungen entstehen und/oder sichtbar werden, sollte der Therapeut den Klienten aktiv wieder herholen. Erst wenn eine gute stabile Beziehung da ist, kann die orale Problematik, können Nähe, Distanz und Frustration gelebt, korrigiert und modifiziert werden.

Körperarbeit:

Passives Abnehmen von Spannungen, Halten, Unterstützen, aber eher weniger als zu viel anbieten.

Gewahrwerden der eigenen Körperhaltung fördern, tiefes Durchatmen, Aufrichten, Brusterweitern und Energetisieren unterstützen.

Erst dann in symbiotische und evtl. regressive Experimente einsteigen (und unbedingt genaue Zeitangaben dafür absprechen).

Therapieende:

Frühe Bedürfnisse müssen nicht verschwinden, sondern sie dürfen im Erwachsenen leben. Bei der oralen Problematik geht es darum, dass der Klient stärker wird in seinem Wunsch, die eigenen Bedürfnisse dasein zu lassen und zu merken, dass es für andere einfacher ist, wenn man in seiner unteren, bedürftigen Struktur klar zu erkennen ist (statt dazwischen zu hängen und Doppelbotschaften zu senden).

Gegen Ende der Therapie kann er seine wirklichen Bedürfnisse darlegen und hat folgende Unterscheidung gelernt: Was ist mir (unverzichtbar) wichtig, was will ich diskutieren/aushandeln, was muss ich durchgehen lassen, und wovon muss ich Abschied nehmen.

Ein gelungenes Therapieende ist dann gegeben, wenn der Klient ein körperliches Empfinden, einen stabilen felt sense für »genug, satt, zufrieden-sein« erlebt und für den kompletten Zyklus »Bedürfnis – Ausdruck – Antwort – Sattsein« mehr Sicherheit und Stabilität erworben hat.

Therapeuten-Plus:

Oralen Anteil früh erkennen, aber nicht zu früh und zu schnell Angebote machen – Klient soll lernen, Bedürfnisse und Gefühle auszudrücken und Wünsche zu formulieren, die erfüllt werden können.

Der Therapeut sollte in sich ruhen, Frust aushalten und keine falschen Versprechungen machen. Keine Illusionen nähren, Zeiteinhaltung beachten.

Echt sein, immer wieder Kontakt zu den noch festgehaltenen Bereichen aufnehmen (»da merke/spüre ich noch etwas, das festhält«). Bereit sein, Hoffnungslosigkeit und Trauer durchzuarbeiten und ein tiefes Loslassen und die Erfahrung zu unterstützen, dass jetzt jemand (der Therapeut) wirklich da ist.

Therapeuten-Minus:

Gleich etwas anbieten und geben (das machen Orale selbst genug mit anderen Personen); sich gleich abgrenzen (der Klient weiß innerlich eh, dass die Erfüllung all seiner Wünsche unmöglich ist); auf Regression mit Tricks und Techniken hinarbeiten; Themen vorgeben wie »Zufriedenheit« und »was ist machbar« und dann Focusingschritte durchdrücken.

Therapeuten mit (transformierten) oralen Anteilen:

Sie können hervorragend und selbstverständlich einen therapeutischen Beziehungsraum zur Verfügung stellen. Sie sind gewährend, verständnisvoll und schützend. Sie können sich in die Notlage des Klienten genau einfühlen und sind aus tiefstem Herzen echt und ehrlich für den anderen da. Sie besitzen ein großes Engagement für andere, für ihren Beruf, für ihre Partnerschaft und setzen sich für die Belange anderer voll ein. Dabei haben sie viel Energie und viel Power und können anderen Mut machen, ihr Schicksal selbst in die Hand zu nehmen und die gewünschten Veränderungen anzugehen. Sie sind optimistisch und zuverlässig (»das schaffen wir schon«).

Orale Therapeuten sind sehr sensibel, was die Bedürfnisse ihrer Klienten angeht und können diese hervorragend »versorgen«. Aufpassen müssen orale Therapeuten, dass sie sich nicht zu sehr engagieren und sich zu sehr einspannen/ausnützen lassen, zu viel geben und sich im Geben erschöpfen.

Sehr gesunde Orale sind sehr gute Therapeuten mit hoher Ethik und Verantwortung, – sie spüren Bedürfnisse des Klienten manchmal sogar in »empathischer Vermutung«, d. h., bevor sie dem Klienten selbst richtig klar geworden sind.

Orale Therapeuten müssen aber aufpassen, dass sie sich nicht zu sehr »kümmern«; sie neigen dazu – so kompetent sie auch sein mögen – in schwierigen Situationen aus ihrem reichen Fundus vorschnell Angebote zu machen (zu »füttern«). Sie haben leicht Schwierigkeiten, auszuhalten, dass der Klient noch am Suchen ist und noch nicht weiter weiß. Orale Therapeuten springen gerne schnell ein, können Ungelöstes schwer stehen lassen und haben daher manchmal Probleme, die Therapiestunde pünktlich zu beenden.

Fähigkeiten und Stärken:

Ein transformierter, sehr gesunder Oraler – ob Therapeut oder therapierter Klient – ist energiegeladen und zeigt eine hohe Motivation, die Menschen und die Welt zu erleben, zu spüren und zu begreifen.

Mit seiner Fähigkeit, Bedürfnisse bei sich wie bei anderen genau wahrzunehmen und zu wissen, was machbar ist und was nicht, ist er ein guter Ratgeber, Freund und Therapeut. Privat wird er sich stark in Bindungen erleben, für ihn gilt der Satz: »Ich fühle, also bin ich.«

Selbst wenn er (»kompensiert«) alleine bleibt und für andere da ist, wird er große Ehrlichkeit und tiefe Emotionalität im Wahrnehmen und Fühlen eigener und fremder Wirklichkeiten beweisen. Aufpassen muss er, dass er sich – sei es eine Idee. ein Beruf, eine Weltanschauung – nicht zu intensiv damit beschäftigt und sich selbst damit überfordert.

2.5 Der einfühlsam-diffuse Typus – der Formsucher – der »narzisstische« Charakter

Elternhaltung:

Die Eltern freuen sich über das Kind, wollen das Lebendige aber nur in einer ganz bestimmten Form. Sie haben nicht genügend Vertrauen zum Leben, wie es sich aus sich selbst zeigt.

Daher glauben sie zu wissen, wie das Lebendige am Kind zu sein hat, was gut für das Kind ist (»später, wenn es groß ist, wird es das auch verstehen«).

Antwort des Kindes:

Das Kind kann nichts Eigenes entwickeln, jede spontane Lebensäußerung ist irgendwie falsch. Das So-Sein (»so bin ich«) kann sich nicht entwickeln, das »Wie leben?« ist unklar. Das Kind richtet sich daher auf andere aus, um Resonanz, Antworten, eigene Wahrheit zu finden. In seinem inneren Selbstwahrnehmen ist es dabei diffus und nebulös.

Existenzielles Thema:

Ich kann existieren, wenn ich mich in den Reaktionen der anderen spiegle und diesen entspreche. Im tiefsten Inneren weiß ich nicht, wer und wie ich wirklich bin.

Grundlegende Fragen: Wer bin ich? Wie bin ich? Wie muss ich sein?

Innere Welt:

Das narzisstische Grundgefühl ist unwirklich, vernebelt, verworren, vage und weich. Narzissten empfinden stark atmosphärisch verdichtete Stimmungen und neigen zu der Tendenz, sich nach innen zurückzuziehen. Dabei haben sie eine starke Sehnsucht, sich in ihrem wahren Selbst zu finden und zu spüren. Sie sind sehr ungeschützt und sehnen sich nach Geborgenheit. Im gestörten Bereich haben Narzissten eine starke Angst vor dem Alleinsein, da das Identitätsgefühl dann verschwimmt und sie nicht mehr wissen, ob sie okay sind oder ob sie sich und anderen nur etwas vormachen. Innere Orientierung ist für sie nur in der Spiegelung durch andere möglich.

»Ausgeklappte« Narzissten:

Sie zeigen ein grandioses Lebensgefühl, das allerdings leicht zusammenbricht, wenn der Spiegel in anderen fehlt. Diese Menschen sprechen dauernd über sich und müssen ständig im Mittelpunkt stehen. (Dies ist die allgemein verbreitete Anschauung von »Narzissten«.)

»Eingeklappte« Narzissten:

Sie haben ein eher depressives Lebensgefühl, sie schämen sich häufig und haben ein stark reduziertes Selbstwertgefühl. Beide Spezialformen vertragen sich untereinander oft schlecht. Welche narzisstische Variante vorherrschend ist, wird von der mittleren Phase (Selbstbildung) bestimmt. Die »eingeklappte« Variante ist viel häufiger anzutreffen als die »grandiose« Variante.

Kontakt und Beziehung:

Narzisstische Menschen finden Kontakt, aber verlieren sich schnell darin. Sie befinden sich in scheinbar starkem Kontakt, aber die eigene Person ist nicht richtig anwesend. Daher müssen solche Menschen ihre Wirkung auf andere ständig innerlich überprüfen. Sie »vernebeln« sich und ihr Kontaktverhalten besteht vor allem im Reagieren.

Der Augenausdruck lässt andere im Unklaren, was innerlich vor sich geht (wirkt für manche geheimnisvoll und anziehend). Gestörte Narzissten drücken sich immer so aus, dass sie schon mitbedenken, wie der andere es verstehen wird. Für den anderen ergibt sich die Frage: Sagt er das jetzt wegen mir oder wegen sich selbst? Narzissten schauen beständig auf den anderen: Wie empfindet er mich?

Da man nicht zu oft nachfragen kann, wie man vom anderen empfunden wird, beginnen Menschen dieses Charaktertypus, in sich selbst zu suchen: Wie finde ich heraus, was der andere meint? Dabei verästelt sich das innere Nachforschen – Narzissten sind ganz schnell mit ihrer inneren Welt beschäftigt.

Sie brauchen viel Bestätigung, fühlen sich nie wirklich verstanden und sind sehr leicht verletzt. Da sie selbst nur diffus wahrnehmen, was in ihnen wirklich los ist, möchten sie oft gespiegelt werden. Sie sind verletzt, wenn sie als nicht greifbar und spürbar empfunden werden und wenn ihre Wahrnehmung angezweifelt wird.

Klientenmotivation bei Therapiebeginn:

Narzisstisch strukturierte Klienten kommen mit unklaren Hilfsappellen in die Therapie. (»Mein Leben ist schon in Ordnung, aber irgendetwas stimmt nicht – ich weiß auch nicht genau, was es ist.«). Sie benutzen oft ihre obere Struktur (masochistisch oder rigide) oder schildern diffuse (oft psychosomatische) Beschwerden aus der mittleren Struktur.

Therapiebeginn:

Zu Beginn alles Eigene aufsammeln, spiegeln, helfen, nochmal sagen. (»Wie war das jetzt gerade?«) Das Eigene vermischt sich ständig mit Reaktionen, die die Erwartungen des Therapeuten erfüllen möchten. Das Eigene ist oft nur ein winziges Pünktchen, das muss bestätigt werden. (»Das ist deines, das ist okay.«) Zeige, dass du den Klienten als Person wirklich annimmst – auch in seiner Unklarheit.

Typische strukturgebundene Verhaltensweisen:

Narzisstische Klienten erzählen zwar etwas Klares, aber mit unsicherer, suchender Stimme. Bei Nachfragen wird alles noch unklarer. Hinter der ganzen erwachsenen Fassade schimmert eine Unwirklichkeit hindurch. In der Stimme und im Körper ist oft ein feines Zittern, aus dem sich aber keine klaren Emotionen entwickeln.

Wenn der Therapeut dazu Kontakt bekommen möchte, verschwindet auch noch das eine bisschen Klarheit und es passiert nichts. Der Klient hat Angst, sich zu verlieren, nicht zu wissen, wer er wirklich ist. Er weiß nicht, ob seine Empfindungen okay sind oder ob er vielleicht – ganz raffiniert – sich und anderen nur etwas vormacht.

Doch der Weg zu sich selbst führt über dieses scheinbare »Nichts«, über das Zulassen der tiefen Unsicherheit und Verletztheit der eigenen Person, die sich viel zu oft an anderen ausrichten musste.

Therapieverlauf:

Immer wieder alles Eigene – auch wenn es noch so klein ist – aufsammeln, »genauern«. Von den oft winzigen wirklichen eigenen Pünktchen aus beginnt sich die Person zu füllen. Der Weg dahin geht zuerst ins Nichts, ins Unsichere – nur dort ist Wahres; der Klient hat oft Angst davor; er strebt immer wieder zum Sicheren, (scheinbar) Festen. Aber der Klient muss anerkennen, dass das Nichts wirklicher als alles andere ist. Hier tritt oft Angst auf, Angst vor Auflösung, Panik; dabei macht der Klient die (erleichternde) Erfahrung, dass diese Erfahrung wirklich, wahr, klar und sein Eigenes ist. Jedes Ankommen in der eigenen Autonomie schafft Realität (davor aber riesige Panik).

Nach und nach verbindet sich das bisher Uneigentliche mit dem Eigentlichen (mit den Pünktchen), das Selbstvertauen nimmt zu. (Klienten berichten dann von einer Sonne im Bauch, von einer sprudelnden Energiequelle und von einem tiefen inneren Gefühl des »ich bin.«)

Vier Empfehlungen:

1. Alles Eigene aufsammeln, langsam und genau arbeiten. Der Klient darf sich Zeit lassen, um sich immer genauer wahrnehmen zu können.
2. Beziehung ansprechen; der Therapeut kann auf der Beziehungsebene ruhig risikoreich sein, solange er in der Beziehung bleibt.
3. Keinen zu direkten Augenkontakt; der Klient darf viel mit geschlossenen Augen arbeiten (da er sich narzisstisch in ständiger Beziehungsgebundenheit zum Therapeuten befindet). Erst gegen Therapieende mit längerem Augenkontakt arbeiten.
4. Immer wieder Experimente anbieten, die dem Klienten direkte persönliche Erfahrungen ermöglichen.

Körperarbeit:

Es ist viel Körperarbeit des Therapeuten nötig, bis endlich wirkliche Antworten des Klienten kommen. Wenn der Therapeut zu schnell ungeduldig wird, liefert der Klient die »gewünschten« Erfahrungen, ohne dass sie wirklich seine eigenen sind.

Bei zu frühen Körperberührungen entstehen ebenfalls noch keine echten Antworten, da das muskuläre System für echten, authentischen Ausdruck noch nicht genügend zur Verfügung steht.

Zum richtigen Zeitpunkt kann experimentelle Körperarbeit aber viel bewirken, da der Klient nun selbstbewusst mitmacht und offen für seine eigene Erfahrung geworden ist.

Therapieende:

Der Klient kann sich als eigene Person wahrnehmen und akzeptieren, mit all seinen Verletzlichkeiten, Empfindlichkeiten und mit all seinen Stärken. Seine Empfindungen und seine Wahrnehmung gehören ihm allein:

»Ich bin von innen nach außen gefüllt und wirklich da; ich gehe mir nicht verloren, das Gefühl von Aktivität bleibt, es ist meines.«

Der Klient spürt sich im unmittelbaren Erleben, er verliert sich nicht mehr nebulös in Stimmungen und im Kontakt, er lernt, Nein zu sagen und dass es okay ist, verschiedene Grade von Nähe und Distanz mit verschiedenen Menschen zu leben.

Für transformierte Narzissten passt der Satz von Simone de Beauvoir:

»Das Glück besteht darin, zu leben wie alle Welt und doch wie kein anderer zu sein.«

Therapeuten-Plus:

Echt sein, aktiven Part übernehmen, viel Beziehung, viel erklären, nicht drängen. Den narzisstischen Anteil früh erkennen – Narzissten haben Sehnsucht, erkannt zu werden.

Sich als Therapeut schnell deutlich machen, dass der Klient nichts Klares sagen kann, weil er innerlich nichts Klares wahrnimmt; als Therapeut ganz kongruent sein, okay-Gefühl unterstützen, durch viel Erklären die Realität fördern.

Jeder Schritt geht über die Beziehung; der Klient will wissen (manchmal traut er sich auch, zu fragen), wie der Therapeut ihn sieht, wer er – der Klient – ist; es ist wichtig, darauf immer zu antworten, der Klient braucht das.

Den Klienten auffordern, sich zu melden, wenn ihm in der Beziehung etwas unklar vorkommt; am Anfang viel anbieten, damit der Klient reagieren kann. Therapeut übernimmt den aktiven Teil und fragt nach Reaktionen; mit der Zeit gibt es eigene, echte Reaktionen von innen her.

Therapeuten-Minus:

Langeweile, Ärger, weil alles so nebelhaft ist. (»Was ist denn nun das Schwierige, hast du nichts Handfestes, hast du kein wirkliches Problem zu bieten?«) Wenn Therapeut frustriert ist und auf Klarheit hindrängt (»wie geht's dir denn jetzt?«), erzeugt der Klient entweder mehr Nebel oder er liefert dem Therapeuten zuliebe etwas aus der mittleren und oberen Struktur – dadurch wird alles immer unwirklicher und leerer.

Therapeuten mit (transformierten) narzisstischen Anteilen:
Sie sind sehr sensibel, vor allem im Spüren, was beim Klienten vor sich geht, was der Klient braucht. Solche Therapeuten halten diffuse Situationen gut aus und fühlen sich vom Chaos nicht bedroht. Sie können sich auf unterschiedliche Reaktionen des Klienten gut einstellen, schaffen eine dichte, gute therapeutische Beziehungswirklichkeit – allerdings mit der Gefahr des Harmonisierens und Konfliktvermeidens. Wichtig ist es, für sich selbst als Therapeut klare Ziele zu benennen, nicht nur in die jeweils »einmaligen« Therapiebeziehungen einzutauchen.

Narzisstische Therapeuten »drücken« dem Klienten nichts rein, sind sauber im Zurücksagen, sind sehr tolerant und mit einem großen Verständnis dafür, wie schwierig es ist, sich selbst genau zu verstehen, zu sich zu finden, sich und andere zu verändern.

Diese Therapeuten sind stark auf die Person hin orientiert und nicht so sehr auf die Sache fixiert. Sie können gut Atmosphärisches und Stimmungen erfassen und diese auch ansprechen. Aufpassen müssen sie, dass sie sich als Person nicht »vergessen«. Wichtig, die eigenen Erfahrungen auch herauszubringen, zu veröffentlichen, sichtbar zu machen, da ansonsten die Gefahr der Verstrickung besteht.

Zu Beginn einer Therapie wirken sie auf Klienten oft angstreduzierend – sie werden in ihrer zwanglosen und beziehungsorientierten Offenheit dadurch manchmal auch unterschätzt. Aufpassen müssen sie, dass sie nicht zu passiv bleiben und zu wenig Widerstand anbieten. Können sich dann leicht verausgaben und sich nicht mehr im Kontakt finden.

Narzisstische Therapeuten müssen aufpassen, dass sie nicht das Leben, das Lebendige vom Klienten entlehnen. Daher ist es wichtig, als Person klarer, »gefüllter« zu werden und sich mutig mehr zuzutrauen.

Sehr gesunde Narzissten sind oft sehr gute Lehrer, Therapeuten, Eltern oder Vorgesetzte, müssen aber achtgeben, dass sie die Welt nicht nur als symbiotische Gefühlswirklichkeit auffassen, und anerkennen, dass zur eigenen Autonomie auch immer Abgrenzung, Konflikt, Distanz und Loslassen gehören.

Fähigkeiten und Stärken:

Ein transformierter, sehr gesunder Narziss zeigt ein tiefes Mitgefühl, ist von einer tiefen Akzeptanz für menschliche Schwächen und Stärken erfüllt, kann sich unterschiedlichen Situationen sehr gut anpassen, da er sein Identitätsgefühl nicht mehr nur an anderen ausrichten muss; er weiß, wer er selbst ist und kann sich auf der Palette »ich bin ich« – »wie muss ich sein« gekonnt bewegen. Er ist ein sehr umgänglicher, harmonischer, lebensbejahender Mensch, der jetzt – auch wenn es ihm nicht leicht fällt – bei Bedarf Konflikte austragen kann.

3 Die mittleren Charakterstrukturen

3.1 Einleitung

Die mittleren Strukturen bilden sich zwischen dem achten («Fremdeln«) und dem achtzehnten Lebensmonat.

Das existenzielle Lebensgrundgefühl der ersten Lebensmonate ist mit circa acht bis neun Monaten gefestigt und energetisch stabil. In dieser Phase der mittleren Strukturbildung geht es um die Erfahrung »ich als Person«, »ich und die Welt«, »ich mit den anderen«. Das Kind löst sich aus der Symbiose, und die wichtigen entwicklungspsychologisch-energetischen Vorgänge betreffen nun die Selbst-Bildung.

Das Kind erfährt hierbei die Spannungspolarität des Gegensatzpaares »Selbständigwerden« und »Verbundensein« in einem zunehmend konfliktreichen Beziehungsgeschehen. Dieser Grundkonflikt muss nicht vollständig gelöst werden, denn das Gegensatzpaar »Autonomie« und »Symbiose« bleibt ein Leben lang bestehen. In diesem Konflikt bildet sich das Selbst.

Beginnt das Kind, mit der Welt aktiv in Kontakt zu treten und seine Umwelt zu erforschen, muss es das immer wiederholen dürfen, ohne dabei den Kontakt zur Mutter zu verlieren. In dieser aufregenden Entdeckungsphase schlägt das Kind zum Beispiel immer und immer wieder lustvoll mit dem Löffel auf den Tisch. Dabei lernt es:
Ich und der Tisch, der Tisch ist außen, ich kann damit in Kontakt treten und viele Merkmale von »Tisch« kennen lernen. Analog dazu sind die Versteckspiele mit vertrauten Personen und das »Guck-guck-da-da«-Spiel.

In dieser Phase der Selbstfindung ist es für das Kind wichtig, dass die Mutter auch dann nicht weggeht, wenn das Kind sich entfernt und dass die Mutter da ist, wenn das Kind zurückkommt. Das Kind testet: Hat mich die Mutter lieb, wenn ich gehe, wenn ich wiederkomme, wenn ich »böse« bin, wenn ich distanziert bin?

Das Kind muss sich der liebevollen Zuwendung der Mutter sicher sein können, auch wenn es trotzt und »Nein« sagt. Es benötigt eine Zuwendung, die »im Grundwasserspiegel« klar und stabil ist. Wenn Interesse oder Bewunderung ausschließlich nur für seine Leistungen und Fähigkeiten gegeben wird oder wenn das Kind körperliche Nähe nur erfährt, wenn es krank ist bzw. nach Krankheiten untersucht wird, dann kann sich in dieser Phase der Selbstbildung später eine gestörte Struktur entwickeln.

Ideal wäre es, wenn alle Aspekte der kindlichen Entwicklung unterstützt würden: seine Leistung und Ausdauer, seine körperliche Entwicklung, seine immer aktiver werdende Freude am Tun. Eine solche Zuwendung kommt aus dem Herzen, aus einer kongruenten, empathischen und akzeptierenden Grundhaltung, aus Ehrfurcht und Liebe zu dem, was im Kind wächst (und nicht, weil es so und so aussieht und funktioniert).

Die verschiedenen Störungen im mittleren Strukturbereich können anschaulich am Beispiel einer »Treppe« verdeutlicht werden: »Treppe« (allegorisch für»Mutter«) wird als belebt empfunden, sie ermöglicht es, hinauf zu den Spielsachen oder Süßigkeiten zu krabbeln. Manchmal tut man sich auch weh dabei und kann sich trösten lassen. Aber es ist immer ein und dieselbe Treppe. Sie bricht auch nicht plötzlich durch, und das Kind kann lernen, immer mehr Stufen allein zu bewältigen. Wenn es dies nicht schafft, kann es Hilfe annehmen, vielleicht sich sogar hochtragen lassen. Es entwickelt eine stabile Erfahrungsmatrix zur Treppe, die ein und dieselbe bleibt, obwohl sie so unterschiedliche Erfahrungen in sich birgt.

Die Entwicklung dieser »Objektkonstanz« stellt eine bedeutende Leistung des Kindes dar. Die Mutter kann damit als immer die gleiche Person wahrgenommen werden, ganz gleich, ob sie lächelt, freundlich ist, ärgerlich, lustig oder abgespannt und müde.

Wenn Kinder durch immer wiederkehrende missbräuchliche Verhaltensweisen der Bezugsperson in dem Spannungspol

»allein« – »zusammen sein« keine wirkliche konstante Zuwendung erfahren können, entwickeln sie eine Erfahrungsmatrix, die inkonstant, extrem schwierig und stark bedingungsgebunden ist.

Das Kind kann damit folgendermaßen umgehen:

- Es lernt, die »Treppe« nur hinaufzukommen, wenn es ein bestimmtes (manipulatives) Verhalten zeigt, z. B. sie putzen, oder jemand anderen geschickt dazu bringen, dies zu tun. Dies entspricht einer *psychopathischen Strategie.*
- Allein darf es nicht hinauf, es braucht Hilfe und muss sie annehmen. Dies entspricht der *depressiven Strategie.*
- Es spaltet in »gute« Treppe und »böse« Treppe. Dies ist das typische *Borderline-Verhalten.*
- Es kann nur hinaufgelangen, wenn es krank wird, Schmerzen hat und Störungen produziert. Dies ist die *angstneurotische und krankheitsneurotische Strategie.*

Zugang zu den mittleren Strukturen über die Selbstwahrnehmung.

Zwei Fragen:

1. Inwiefern halte ich in mein Selbstwertgefühl auch über einen längeren Zeitraum konstant?
2. Inwiefern halte ich in mein Selbstwertgefühl in verschiedenen Bereichen, Situationen und Rollen konstant? (Wenn ich allein bin, in Gesellschaft, wenn ich glücklich/traurig bin?)

Das Wahrnehmenkönnen des grundlegenden Lebensgefühls (untere Strukturen) ist eine Leistung des Selbst, das sich in den mittleren Strukturen entwickelt.

Psychosomatische Störungen können ein Ersatz für mangelnde Selbstleistung sein. Mangelndes Selbstwertgefühl kann auch durch die oberen (späten) Strukturen kompensiert werden, zum Beispiel durch überstarkes Leistungsstreben bei rigiden Charakteren.

Um Störungen im mittleren Strukturbereich zu lindern, ist

es notwendig, sich akzeptierend und einfühlsam seiner eigenen Grundhaltung zuzuwenden. Diese achtsame Selbstwahrnehmung ermöglicht ein Ankommen in der unteren Struktur, im tiefsten inneren Daseinsgrund. Erst dann können heilende Veränderungen geschehen, die zu einer Transformation der problematischen Selbstaspekte, zu mehr Selbstbewusstheit und Autonomie führen. Im Sinne der Rogers-Skala kommt es zu stärkerer Kongruenz, zu mehr persönlicher Selbstbestimmung und autonomem Handeln.

Diese heilenden Veränderungen werden oft in energetisch starken felt-shifts (gespürte Erleichterung) erlebt.

Fragen zur Selbst-Konstanz des Therapeuten:

- Ermögliche ich im therapeutischen Geschehen ein klar abgegrenztes «Ich« – »Du«?
- Erlaube ich dem Klienten sein eigenes Tempo, halte ich sein Nicht-auf-mich-Eingehen aus, akzeptiere ich wirklich seine eigenen Bewegungen und Richtungsänderungen (Separationsphase)?
- Bin ich voll akzeptierend da, wenn der Klient nach eigenen Bewegungen wieder zurückkommt (Wiederannäherungsphase)?
- Kann ich Abhängigkeit und Freiheit erlauben?

3.2 Der motivierend-manipulative Typus – der »psychopathische« Charakter

Elternhaltung:

Nähe und Kontakt wird stark an Bedingungen geknüpft. Das Kind wird manipulativ für die eigenen Bedürfnisse und Absichten der Eltern benutzt. Mutter ist oft übermächtig, sie behandelt das Kind, als ob es unwichtig sei. Sie nimmt das Kind nicht ernst. Die Mutter kann dem Kind gegenüber auch verführerisch agieren, um es an sich zu binden.

Antwort des Kindes:

Es fühlt sich machtlos, klein und schwach. Es verleugnet Gefühle, besonders die der eigenen Verletzlichkeit. Es fühlt sich nur unter bestimmten Bedingungen gemocht, die es zum Schein akzeptiert. Das Kind wird dabei sensibel für die Strategien und Manipulationen der anderen. Es ist bemüht, loyal zu sein, will es gut machen und beginnt seinerseits, strategisch vorzugehen und andere zu manipulieren.

Existenzielles Thema:

Kontakt, Nähe, Vertrauen und Missbrauch. Hohes Maß an Kontrolle, anderen und sich selbst gegenüber.

Existenzielle Anschauung:

Ich kann unabhängig sein, wenn ich die Kontrolle nicht aufgebe. Komm mir nicht zu nahe! Du kannst mir nahe sein, solange du zu mir aufschaust. Ich bin etwas Besonderes! Bevor du mich manipulierst, manipuliere ich dich. Ich werde es euch schon zeigen! Ich halte mich da raus! Ich lass mir nichts anmerken.

Frage:

Kann ich mich auf dich verlassen?

Entstehung:

Diese Charakterstruktur entwickelt sich aufgrund des »Dreischrittes«: Entbehrung – Verführung – Demütigung.

Entbehrung:

Das Kind erlebt ein Defizit an Zuwendung, Kontakt und Aufmerksamkeit, meist verbunden mit dem Fehlen von Respekt (körperliche Bestrafungen, niederschmetternde Kritik). Das Kind fühlt sich abgelehnt.

Verführung:

Die Eltern bringen das Kind dazu, etwas zu sein oder zu tun, was den eigentlichen Bedürfnissen des Kindes nicht entspricht. Sie versprechen dafür eine Form von Intimität, vor allem: dass das Kind für sie etwas Besonderes ist. Das Kind erhofft sich durch Erfüllung dieser Anforderungen, das zu kriegen, was es entbehrt: wirkliche Zuwendung, Anerkennung und Wichtigsein um seiner selbst willen.

Wenn dies das einzige Kontaktangebot ist, wozu die Eltern fähig sind, kann es nicht abgelehnt werden.

Demütigung:

Das Kind erlebt, dass es gar nicht wirklich gemeint ist. Beispielsweise weint die Mutter, weil ihr Kind etwas nicht geschafft hat, kümmert sich aber nicht um die Befindlichkeit des Kindes (bei schlechten Noten: »Was werden die Leute dazu sagen?« – »Wie stehe ich jetzt da?«).

Das Kind erlebt, dass sein Vertrauen missbraucht wird, dass es manipuliert und benutzt wird. So benützt zum Beispiel eine Mutter ihr Kind als enge Vertraute gegenüber dem Vater; wenn das Kind aber dann offen gegen den Vater opponiert, halten die Eltern plötzlich gegen das Kind zusammen, demütigen es oder machen sich darüber lustig.

Das Kind entwickelt in diesen Situationen einen verborgenen Hass und eine starke Sehnsucht, doch irgendwann wirklich gemeint zu sein. Es erlebt, dass Vertrauen und Offenheit missbraucht werden und zu Demütigung und Manipulation führen. Daher schneidet es seinen Gefühlsbereich von seiner Wahrnehmung immer mehr ab.

Innere Welt:

Menschen mit einer ausgeprägten psychopathischen Struktur machen ständig Pläne für ihre Arbeit, ihre Beziehungen, schließen Zweckbündnisse und sind misstrauisch gegenüber anderen. Sie gehen leicht in Konkurrenz, sind oft ironisch, schlagfertig und cool. Sie lassen sich nichts anmerken und zeigen keine »Schwäche«, um ihr Gesicht nicht zu verlieren.

»Psychopathen-Paradies«:

Endlich keine Pläne mehr machen und keine Strategien mehr anwenden zu müssen.

Hinter all dem steckt die Angst, unwichtig, unbedeutend, abhängig zu sein, verletzt und ausgenutzt zu werden. Eine tiefe Angst vor Einsamkeit wird oft kompensiert durch heimliche Hassgefühle, die aber nicht offen gezeigt werden können.

Eine Überhöhung der Selbstwertfunktion durch Anerkennung und Erfolg liefert eine (scheinbare) Sicherheit, die jedoch bei Misserfolg und bei Alleinesein/Verlassenwerden zusammenbricht.

Psychopathische Struktur und Gesellschaft:

Die psychopathische Strategie ist in unserer Gesellschaft weit verbreitet. (Mehr »haben« als »sein«; Erringen von Machtpositionen durch geschicktes Taktieren/Manipulieren; Unterdrücken der weichen, verletzbaren Gefühlsanteile.)

In dieser Haltung sind die weichen, weiblichen Anteile unterdrückt, Yin und Yang sind getrennt (Yang wird in den Schatten verbannt). Wird in Partnerschaften der psychopathische Partner bedrängt, sich zu öffnen, muss er sich umso geschickter verbergen und seine Strategien verstärken.

Innere Welt:

Psychopath 2 (der charmante Typus): Hierbei wird nicht Macht, sondern Charme eingesetzt, um andere zu beeinflussen und zu manipulieren. Solche Menschen können mit den Bedürfnissen der anderen spielen und damit eine (abhängig machende) Nähe herstellen. Diese verführende Manipulation erzeugt auf Dauer jedoch ein hohles Gefühl und führt nur zu Ersatzbefriedigung.

Kontakt und Beziehung:

Klienten mit einer ausgeprägten psychopathischen Struktur sind sehr empfindlich bezüglich Loyalität und haben für Abmachungen und Vereinbarungen ein sehr ausgeprägtes Gedächtnis. Da der Kontakt zur Mutter ein Zweckbündnis war, hat jeder Kontakt für sie immer auch eine (geheime) Absicht. Kontakt und Missbrauch sind hierbei sehr eng verknüpft. Diese Menschen haben Sehnsucht nach einer Beziehung, in der sie bedingungsfrei akzeptiert werden. Diese Sehnsucht ist verknüpft mit Schwachsein-Dürfen, sich ganz hingeben zu können, zugleich aber mit der Angst, sich auszuliefern. (»Dann kann man mit mir machen, was man will.«) Durch ein hohes Maß an Loyalität glauben Psychopathen, endlich die (scheinbare) Sicherheit, endlich die bedingungsfreie Zuwendung erhalten zu können, nach der sie sich ihr Leben lang gesehnt haben.

Wird in Partnerschaften der psychopathische Partner jedoch bedrängt, sich wirklich zu öffnen, muss er sich umso geschickter verbergen und seine Strategien verstärken. Denn erfährt der andere wirklich, wie man ist, wird man manipulierbar und ausgenutzt.

Eigenschaften:
Gefühle werden zu einem Großteil verleugnet. Psychopathische Klienten sind sozial oft hochkompetent und können andere gut für sich arbeiten lassen. Sie können gut manipulieren und haben das Gefühl, etwas Besonderes zu sein. Schuld und Fehler liegen immer bei anderen. (»Das hat nichts mit mir zu tun!«)

Die eigene Sicht der Dinge stimmt immer, oft ein Überlegenheitsgefühl. («das ist alles kein Problem!«) Wirkung auf andere und Imagepflege sind wichtig, nicht die wirklichen, eigentlichen Gefühle. Aufrechterhalten der Kontrolle ist sehr wichtig: nur nicht nachgeben, immer besser und klüger sein als die anderen. Die kontrollierende Aufmerksamkeit ist in der Außenwelt, von der Innenwelt sind gestörte Psychopathen abgeschnitten. Daher kann die psychopathische Strategie nur aufrechterhalten werden, wenn keine wirkliche Nähe da ist.

In nahen und intimen Beziehungen ist diese Strategie extrem gefährdet, weil mit wirklicher Nähe und Offenheit die früheren Erfahrungen von Demütigung und Verletzungen schmerzhaft wieder bewusst werden. Eine wirkliche Nähe wird im psychopathischen Bereich vermieden, indem der andere (heimlich oder lautstark) abgewertet wird.

Psychopathen verpacken ihre Aggressionen oft freundlich, sodass der andere zwar wütend wird, aber diese Wut nicht ausdrücken kann (der Anlass wird geleugnet).

Psychopathen sind sehr sensibel für die Schwachpunkte der anderen:
»Wenn ich weiß, was der andere braucht, kann ich ihn kontrollieren.« (Dies ist auch eine oft anzutreffende Therapeutenmotivation!)

Solche Klienten sind unfähig, andere um Hilfe zu bitten; ihr Verhalten ist nicht primär an den eigenen Bedürfnissen orientiert, sie können sich nicht wirklich auf eine Beziehung einlassen, selbst positive Anerkennung (Applaus) kann nicht angenommen werden, da man ohnehin nicht wirklich gemeint ist.

Teufelskreis:

»Weil ich mich unwichtig und unsicher fühle, strenge ich mich an. Ich suche von anderen Bestätigung, habe aber dabei immer das Gefühl von Unwichtigkeit. Daher strenge ich mich immer mehr an, kann aber die Rolle und die Image-Anforderungen nicht wirklich erfüllen. Ich stelle Situationen her, in denen ich Anerkennung bekomme, fühle mich aber nicht wirklich gemeint, weil die anderen nicht in der Lage sind, mich wirklich zu erkennen. Ich verachte sie daher.«

Körperstruktur (allgemein):

Körperlich und strukturell »unten«: wackelig, schwach; in der »Mitte« (gefühlsmäßig, energetisch): wenig Selbstwert; »oben«: aufgeblasen, angespannt.

Wenn die kompensierende obere Struktur nicht mehr hält, wechseln solche Menschen rasch vom »Big Boss« zum »Baby«.

Körperliche Kennzeichen (Psychopath 1):

Dünne, wenig geladene Beine, keine gute Erdung; eher kleines, kaltes, kontrolliertes Becken, Angst vor lebendigem Pulsieren (»kalter« Orgasmus: leistungsorientiert, aber kein freies Fließen und energetisches Überfluten).

Der Oberkörper wirkt leicht aufgeblasen: angehaltener Atem, zu wenig entspanntes Ausatmen. Schultern und Arme sind meist gut ausgebildet und können zupacken und sich holen, was sie wollen. Steifes Kreuz: sich groß machen, sich nicht entspannt beugen können. Hauptspannung in der Schädelbasis: Blick tief, klar und aktiv (sucht Gefühle bei anderen); meist kontrollierend – die anderen abschreckend. Kein Fließen im Körper, oftmals Herzprobleme; Körper wird als Mittel zum Zweck eingesetzt. Bei gestörten Psychopathen gibt es eine latent spürbare, unsichtbar bedrohliche Wirkung. Psychopathen übergehen alle körperlichen Warnsignale und gehen unachtsam mit dem eigenen Körper um (psychosomatische Leiden).

Körperliche Kennzeichen (Psychopath 2):

Regelmäßiger Körperbau, verführerische Wirkung mit sexueller Note. Weiche Oberflächenmuskulatur, darunter angespannt und hart. Becken energetisch geladen, ohne Verbindung zum Herz (»kalte« Orgasmusfähigkeit). Oft verbunden mit rigider Oberstruktur (hysterisch oder leistungsorientiert-phallisch).

Therapiebeginn:

Psychopathische Klienten brauchen sehr viel Leidensdruck, bis sie sich für therapeutische Hilfe entscheiden, denn um Hilfe zu bitten, entspricht nicht ihrer strukturtypischen Haltung. Sie wollen schnell und effektiv ihre Probleme lösen. Sie treiben viel Aufwand, um den richtigen Therapeuten zu finden, dem sie vertrauen können. Sie testen den Therapeuten in Bezug auf Kompetenz und Konstanz sehr genau.

Therapieverlauf:

Wenn eine vertrauensvolle Beziehung zum Therapeuten hergestellt ist, kommt es oft zu einem raschen Wechseln zwischen »Big Boss« und »Baby«.

Wichtig ist ein Zulassen der tieferen Gefühle und Sehnsüchte (Grundstrukturen).

Der Therapeut sollte flexibel mitgehen können beim Hin- und Herwechseln von oben nach unten und zurück in die verschiedenen Themenbereiche. Zunehmend die Erfahrung stärken, dass es als Big Boss letztendlich nicht wirklich geht – dass man als kongruenter Erwachsener hingegen beides leben kann: groß sein und klein und verletzlich sein.

Für psychopathische Klienten ist es sehr wichtig, zu erfahren, dass man im persönlichen Bereich auch ohne Pläne und Strategien auskommen kann. Strategien können durch eine wirkliche Beziehung ersetzt werden. Man kann Gefühle spüren, zeigen und warten, wie der andere darauf reagiert und damit umgeht.

Da Gefühle bei Psychopathen immer wieder leicht weggehen, intellektualisiert und in der Erinnerung rekonstruiert werden, ist es wichtig, die Befindlichkeit in der Präsenz immer wieder zu zentrieren und bewusst zu machen.

Therapieende:

Wenn der Klient erfahren hat, dass er sowohl stark als auch schwach sein kann (lachen und weinen) und dass er nur authentisch und wirklich kongruent ist, wenn er Vertrauen riskiert und sich auf echte, lebendige Nähe einlässt. Er erfährt, dass nun etwas da ist, was vorher durch Misstrauen und Kontrolle verschüttet war: das Empfinden von Vertrauen und weichen Gefühlen im Alltag.

Therapeuten-Plus:

Unbedingt ehrlich und authentisch sein, stabil da sein und keinerlei Tricks und manipulative Techniken anwenden. Klar sein und einfach da sein. (»Ich mache nichts mit dir.«) Gleichzeitig möglichst viel therapeutische Kompetenz haben und auch zeigen. Nicht in Konkurrenz mit dem Klienten gehen. (Ihn der sein lassen, der er sein will.) Der Klient wird evtl. die Kompetenz des Therapeuten anzweifeln und verbal aggressiv angreifen.

Der Therapeut sollte dahinter liegende Ängste und Bedürfnisse immer wieder offen ansprechen (nicht konfrontieren!).

Alles genau erklären: Focusing und Gesprächstechniken, das Vorgehen, die Experimente. Damit der Klient nicht annehmen muss, dass der Therapeut irgendwelche manipulativen Tricks anwendet. Zudem zeigt der Therapeut durch diese Offenheit Kompetenz und Partnerschaftlichkeit. Metaebene ansprechen (Arbeit von Erwachsener zu Erwachsener und was der Therapeut in seiner Rolle als Nächstes vorschlagen wird).

Vorschläge machen, aber dem Klienten die Kontrolle abgeben, z. B.: »Was würden Sie jetzt machen/sagen?«

Therapeuten-Minus:

In Konkurrenz gehen, ironische Bemerkungen, Big Boss anzweifeln, sich zu wohlwollend und väterlich/mütterlich dem »Baby« zuwenden; als Therapeut mit Verleugnung und Kompensation reagieren; sich stärker/belastbarer geben, als man wirklich ist; manipulativ vorgehen.

Therapeuten mit (transformierten) psychopathischen Anteilen:
Sie sind sehr achtsam und vorsichtig (mit der Gefahr, durch zu viel Vorsicht und Angst vor Fehlern manipulativ zu werden). Therapeuten mit psychopathischen Anteilen können gut Nähe und Distanz herstellen und kennen alle möglichen Strategien, um Kontakt herzustellen und Vertrauen zu stärken (dies sind allerdings oft technische und künstliche Strategien).

Gute Antennen für Vergewaltigungs- und Missbrauchsthemen, daher sehr einfühlsam und vorsichtig.

Sie sind fantasievoll und probieren gern etwas Neues aus, sind dabei allerdings leicht ungeduldig und können Zögerliches beim Klienten schwer aushalten, weil hier das Unsichere, Zögerliche der mittleren Phase des Selbst zum Vorschein kommt. Diese Therapeuten sind strategisch sehr gut, können aber schlecht ertragen, wenn etwas nicht klappt. Sie vermitteln Sicherheit (»der weiß, wo's langgeht«), mit der Gefahr, das Zugesagte nicht einzuhalten. Der Klient kann sich dann leicht missbraucht fühlen.

Fähigkeiten und Stärken:
Ein transformierter, sehr gesunder Psychopath lebt hochmotiviert im Trend der Zeit, kann sich in Szene setzen und steht im Mittelpunkt. Er ist dynamisch, erfolgreich, leistungsfähig und entspricht damit unserem westlichen gesellschaftlichen Idealbild. Kraft und Energie sind seine Stärken. Er hat seine Machtgelüste in echtes Verantwortungsgefühl transformiert und kann andere Menschen überzeugen, motivieren und mitreißen. Er erweitert den Horizont seiner Mitmenschen, er ist eine hervorragende Führungspersönlichkeit, ist mutig, willensstark und schwungvoll. Er hat die Stärke erkannt, die in seiner Schwäche liegt, er kann Tränen, Traurigkeit und Hilflosigkeit zulassen und kann seine Bedürfnisse äußern, bitten und dankbar sein. Er kann seine Wut annehmen und diese in geschütztem Rahmen ausagieren. Weichheit und Nähe sind nun nicht mehr gleichbedeutend mit Abhängigkeit.

Der Weg zu wirklich spannenden und neuen Lebens-Abenteuern führt nun über das Herz.

3.3 Der zurückhaltend-mutlose Typus – der »depressive« Charakter

Elternhaltung:

Überbehütender, (oft) dominanter und »ständig gutmeinender« Erziehungsstil. Das Kind wird eng an die Bezugsperson gebunden und im Kleinbleiben, nicht aber in seiner Autonomie gefördert. Die Eltern wollen ein Kind, das sie unterstützen können und unterbinden subtil die Eigenständigkeit des Kindes. (»Du kannst das nicht so gut, ich mache es für dich!«) Die Eltern halten das Kind hilflos, indem sie entweder überfürsorglich sind (Aggression gegen das Lebendige auf »liebevolle« Weise ausdrückend), und/oder sie gehen streng und hart gegen eigenständige Lebensäußerungen des Kindes vor.

Antwort des Kindes:

Es reagiert auf die ständigen Ermahnungen mit Angepasstheit, Freudlosigkeit und mit ängstlicher Passivität. Es hat gelernt, sich und anderen zu beweisen, dass es allein nichts zustande bringt. Das Kind zeigt wenig Freude und entwickelt kaum einen eigenständigen Antrieb, selbstbestimmt zu leben, sich zu entwickeln und etwas wirklich Eigenes zu können. Es resigniert – wodurch es noch mehr Unterstützung und Bevormundung erfährt.

Existenzielles Thema:

Verunsicherung, Schuldgefühle, Rückzug und Passivität. Die Antriebsarmut führt zu der Furcht, noch weniger Anerkennung zu bekommen. Daher: Zähne zusammenbeißen.

Schlagworte:

Stimmungsschwankungen, Melancholie, Schwermut, destruktive, selbstzerstörerische Gedanken, Hoffnungslosigkeit.

Existenzielle Anschauung:

Ich bin unfähig, hilflos; das kann ich nicht, das schaff' ich nicht; ich kann mich nicht wehren; die anderen hören mir nicht wirklich zu; ich bin an allem schuld; ich kann nichts mehr sagen, mich versteht sowieso keiner; ich fühle und verstehe nichts mehr.

Fragen:

Mein Leben ist grau, ich bin mutlos, gefühllos und energielos – was soll das Ganze eigentlich noch? Wie kann sich da noch irgendetwas ändern?

Innere Welt:

Depressive Menschen fühlen sich unfähig, das Verlangen oder die Kraft aufzubringen, etwas an ihrem unbefriedigenden Zustand zu ändern. Bei stärkeren depressiven Zuständen können auch alltägliche Verrichtungen kaum und nur mit großer Mühe erledigt werden. Der Klient wird überschwemmt von Hoffnungslosigkeit. Wirkliche Gefühle werden unterdrückt.

Ein Klient ist depressiv, wenn er keinen vitalen Kontakt mehr zu seinen Gefühlen hat.

Depressionen dürfen nicht verwechselt werden mit echten Gefühlen, wie z. B. der Mischung aus Traurigkeit und Einsamkeit. Selbst wenn ein Klient sagt: »Ich fühle mich deprimiert«, und er macht ein trauriges Gesicht und ist den Tränen nahe, so hat diese Äußerung einen Gefühlston der Traurigkeit, der sie von einer wirklichen Depression unterscheidet. Nach Alexander Lowen sind Gefühle »organismische Reaktionen auf Ereignisse in der Umwelt; der depressive Zustand ist ein Fehlen dieser Reaktionsbereitschaft«.

Depressive haben (wie Psychopathen) auch manipulatorische Mechanismen, sie wenden sie jedoch gegen sich selbst, richten es so ein, dass nichts mehr geht. Sie deuten die Realität in der Weise um, dass sie selbst schuld sind. Dabei sind sie oft tief unsicher, ob sie etwas wirklich nicht können oder ob sie nur so tun.

Kontakt und Beziehung:

Depressive Klienten haben in der Regel einen nicht-depressiven Partner/Elternteil, mit dem sie in einer Kollusion (= unbewusste Übertragungsdynamik) verstrickt sind: Hilft und umsorgt sie der Partner, wiederholt sich die alte Beziehungskonstellation: Der Klient fühlt sich noch hilfloser und zieht dadurch das wenige Lebendige noch weiter in sich zurück.

Teufelskreis:

»Weil ich so hilflos, schwach, unfähig bin, muss sich der andere immer mehr um mich kümmern. Je mehr ich unterstützt werde, umso resignierter werde ich. Dies beweist, wie unfähig und inkompetent ich bin.«

Körperliche Kennzeichen:

Körperlich weisen Depressive Ähnlichkeiten zur psychopathischen Körperhaltung auf: keine feste Erdung in den Beinen, in der Mitte wenig Selbstwert, schwache, weiche, ungeschützte Bauch- und Becken-Muskulatur. Anspannung im Kiefer, in der Schädelbasis, im Nacken und im oberen Schulterbereich.

Dadurch oft ein steifer Hals, wenig Atem und Bewegungslosigkeit. Die Augen sind energetisch »zurückgebunden« (im Gegensatz zur psychopathischen Struktur, bei der die Augen »ausgreifend« energetisch Kontakt mit anderen aufnehmen).

Körperarbeit:

Depression ist (entgegen landläufiger Meinung) ein überladener Zustand, er ist hochenergetisch (innere Unruhe und Antriebslähmung, eine so genannte »Kondensatorspannung«). Es ist eigentlich viel Kraft und Energie vorhanden, aber aufgestaut und zurückgebunden. Man sieht das an der Körperhaltung, an den verspannten Schultern, die auf Druck mit Schmerz reagieren und Aggression freisetzen (diese fällt aber gleich wieder in sich zusammen). Es geht daher nicht – wie man gewöhnlich meint – um Aufladen (weil zu wenig Energie vorhanden ist), sondern um Entladung. Körpertherapeuten empfehlen bei Depressiven energetisierende Übungen, die manchmal zu »Kurzschlüssen« (Zuckungen) führen. Zuerst entsteht dabei Angst, mit der Zeit kann jedoch eine Verbindung zwischen den Körperempfindungen, Gefühlen und dem Gesamtlebensgefühl entstehen.

Therapiebeginn:

Depressive Klienten entschließen sich häufig erst dann zu einer Therapie, wenn ihr Zustand gerade nicht so schlimm ist.

Daher kann es zu einer Verschlimmerung des depressiven Zustandes während der ersten Therapiestunden kommen.

Depressive Klienten schildern meist leise und resignativ ihre Situation, sagen: »Es geht nicht, es hat ohnehin keinen Sinn.« Es sind keine deutlichen Gefühle spürbar, selten wird Trauer oder Verzweiflung geäußert. Der Klient schildert eine ungewisse, depressive Stimmung, die ihn überfällt. Er weiß oft keinen Grund, warum er z. B. nicht aufstehen und nicht mehr zum Briefkasten gehen kann.

Für den Therapeuten ist es daher von Anfang an schwierig, sich in den Klienten einzufühlen.

Therapieverlauf:

Wichtig ist es, sich für die Persönlichkeit des Klienten zu interessieren und geduldig bereit zu sein für gelegentlich auftauchende energetische Impulse und persönliche Fähigkeiten des Klienten. In der ersten Phase muss der Therapeut fähig sein, das Aussichtslose anzuerkennen. Keinen Druck entstehen lassen, nicht auf Lösungsmöglichkeiten hinarbeiten. Der Klient macht sich selbst genügend Druck.

Anerkennen, dass es wirklich im Moment keine Lösungsmöglichkeiten zu geben scheint. Über Sich-Zwingen und über Willensanstrengung kann keine Veränderung stattfinden.

Der Therapeut weiß auch keine Lösung, aber: Der Klient ist jetzt nicht mehr allein vor seinem »schwarzen Loch«, der Therapeut sitzt quasi neben ihm und versucht, ihn zu verstehen.

Ab und zu kommt vielleicht ein Impuls, eine Idee, eine Einsicht auf – doch meist folgt sofort darauf: »Es geht ja doch nicht!«

Der Therapeut muss sehr geduldig und akzeptierend sein. Wenn ein kleines Gefühl von Beziehung entsteht, sammelt der Therapeut dies auf – auch wenn dieses Gefühl gleich wieder weggeht. Der Therapeut erzählt es wieder und unterstützt die Erinnerung des Klienten vorsichtig und druckfrei.

Ähnlich wie bei psychosomatischen Symptomen sind persönliche »Nebenbühnen« wichtig: Wie war es früher, vor der Depression? Wie war deine Kindheit? Deine Beziehungen?

So kann der Therapeut den Klienten besser kennen lernen und die schwierigen Situationen vor dem »schwarzen Loch«

besser durchstehen. Mit der Zeit können dann auch – vorsichtig – Eigenanteile und Alternativen angesprochen werden. Können die »hinunter geschluckten« Aggressionen im Beziehungsraum thematisiert und erlebt werden, bahnt sich allmählich eine Verbesserung an. Therapeuten verschiedener Richtungen wissen, dass sich die depressive Klammer öffnet, wenn der Klient dazu gebracht werden kann, zu weinen oder wütend zu werden. Dies geschieht allerdings erst dann, wenn eine stabile Beziehungsebene vorhanden und wenn der Therapeut fähig ist, die anfängliche Aussichtslosigkeit anzuerkennen und mitzutragen.

Therapieende:
Wenn der Klient wieder Anschluss an die grundlegenden Lebenszyklen gefunden hat (alles fängt an und hört auch wieder auf), dann kann er sich den eigenen Gefühlen zuwenden und Vertrauen, Glauben und Kraft finden, seine derzeitige missliche Lage eigenverantwortlich zu verändern. Er erkennt, dass auch der Therapeut in schwierigen Situationen keine Patentrezepte hat und dass das Leben in seiner rätselhaften Vielfalt immer wieder Überraschungen aufweist. Die Zukunft ist offen, und er selbst kann dazu beitragen, seine Zukunft zu verändern. In der Beziehung zum Therapeuten hat er ein stabiles Geländer gefunden, das es ihm ermöglicht, eigenständige erste Schritte zu wagen.

Therapeuten-Plus:
Dabeisein, gut zuhören, Verständnis zeigen. Miteinander sein, ein Gefühl von Gemeinsamkeit entstehen lassen, Zusammenbleiben auch im (scheinbar) Aussichtslosen, Schwierigen. Akzeptierende Aufmerksamkeit gegenüber wütenden und zornigen Impulsen, die durch die lange Entbehrung von Zuwendung entstanden sind. Eine kongruente Spiritualität des Therapeuten (Sinnfrage, Lebensfreude) spielt hierbei eine wesentliche Rolle.

Therapeuten-Minus:
Das Schlimme wegreden, beschönigen, Hilfe anbieten und Ratschläge geben. Dies nützt alles nichts, es funktioniert

trotzdem nicht und verstärkt nur die depressive Stimmung des Klienten.

Therapeuten mit (transformierten) depressiven Anteilen

Sie haben viel Ausdauer und Geduld. Sie wissen, dass Lösungsvorschläge nichts bewirken und verstehen gut, wenn es beim Klienten derzeit nicht weitergeht. Therapeuten mit depressiven Anteilen ist bewusst, dass sie auf der »Macher-Ebene« nicht viel ausrichten können. Daher bleiben sie geduldig in offener Erwartungshaltung beim Klienten.

Wenn etwas nicht klappt, nehmen sie es allerdings schnell in die eigene Verantwortung und neigen dann zu Resignation und eigenen Schuldvorwürfen.

Fähigkeiten und Stärken:

Ein transformierter, sehr gesunder Depressiver verfolgt wirkliche, erreichbare Ziele und hängt nicht mehr an Illusionen. Er ist geerdet und hat seinen Selbstwert und Glauben wiedergefunden. Er ist lebendig und vital und kann seine Energien frei fließen lassen. Auf der Ebene »Ich – Du – Wir« kann er sich nun klar abgrenzen und entscheiden, wie und wo er sich einlässt und wo er sich abgrenzt. Bei Bedarf kann er Konflikte austragen und hat Zugang zu seinen eigenen Gefühlen und Empfindungen. Im Sinn der Rogers-Skala ist er nun ein authentischer und kongruenter Mensch geworden, der sein augenblickliches und gerade auftauchendes Erleben ausdrücken kann. Die Wahrnehmung eines bestimmten Problems ist nun energetisch verbunden mit dem Bestreben, dieses zu lösen oder anzunehmen. Ein solcher Mensch besitzt viel Geduld und ein hohes Weltverständnis. Er kann sich – aus einer inneren Stärke heraus – mit den Schwierigkeiten des Lebens gelassen auseinander setzen und vermittelt anderen, die in Schwierigkeiten stecken, dass »nichts so heiß gegessen wird wie es gekocht wird«.

Er ist ein geduldiger Therapeut, Lehrer, Vater und Freund. Seinen Mitmenschen kann er in schwierigen Lebensphasen echten Trost spenden und ihnen Mut machen, ihre Situation kongruent anzuerkennen und aktiv in Angriff zu nehmen, was sich ändern lässt.

3.4 Die schwarz-weiße Welt des Borderline-Charakters

Elternhaltung:

Unzuverlässig und inkonstant; Eltern sind oft abwesend, starke berufliche Interessen oder starke Alkohol- oder Drogenabhängigkeit. Die Beziehung der Eltern ist nicht harmonisch, in der Kindererziehung gibt es kaum Übereinstimmung. Bei vielen Borderlinern weisen die Eltern eine sehr hintergründige Pathologie auf: Zum Beispiel bei der »perfekten« Mutter, die sich ihrem Kind »total« widmet – dahinter kann jedoch eine übertriebene Einmischung stecken, die die Abhängigkeit des Kindes verstärkt und ein natürliches Heranreifen und Ablösen verhindert.

Häufig findet sich auch schwerer körperlicher und/oder sexueller Missbrauch, der zu einer Traumatisierung des Kindes und zu Borderline-Verhalten führen kann. So vernachlässigt eine Alkoholiker-Mutter in betrunkenem Zustand ihr Kind, schlägt es oder lässt es hungern. Im nüchternen Zustand erfolgt dann eine überstarke Zuwendung aus Schuldgefühl und Verzweiflung heraus: »Es wird alles wieder gut!« Das Kind wird also einerseits beschimpft und abgewertet, dann wieder überbehütet, mit ständigen Ermahnungen und Angstbotschaften versehen.

Antwort des Kindes:

Es reagiert zuerst verstört, ängstlich und aggressiv. Da dies jedoch kaum Wirkung zeigt, spaltet das Kind den »bösen« Aspekt der Mutter ab, damit der »gute« erhalten bleiben kann. Wenn das Kind Struktur fordert, stößt es auf Widersprüche; wenn es Entschlossenheit braucht, erhält es Ambivalenz. So kann es keine beständige Identität entwickeln.

Es gibt in dieser Situation nur drei Verhaltensmöglichkeiten:

1. Wenn das Kind dem Erwachsenen die Schuld gibt, wird es selbst immer unsicherer und verängstigter, da es damit anerkennen muss, von inkompetenten Menschen abhängig zu sein, die nicht richtig für das Kind sorgen können.

2. Gibt das Kind niemandem die Schuld, werden Schmerzen und Ängste zufällig, nicht mehr vorhersehbar und damit noch erschreckender, weil sie nicht kontrolliert und eingeordnet werden können.
3. Wenn das Kind sich selbst die Schuld gibt, wird der Missbrauch leichter verständlich und – wenn es selbst nicht so schlecht und böse wäre – gäbe es vielleicht eine Möglichkeit, die unerträglichen Verhältnisse zu verändern und Vernachlässigung, Schmerz und Leid zu beenden.

Das Kind gibt sich daher bei starker Vernachlässigung, körperlichem und/oder sexuellem Missbrauch meist selbst die Schuld, weil dies – bewusst oder unbewusst – die unter diesen Umständen »beste« erreichbare Lösung ist. Das Kind gibt auf und akzeptiert, dass es »böse« ist.

So lernt die Borderline-Persönlichkeit schon sehr früh, dass die Ursache in ihr selbst liegt, wenn schlechte Dinge passieren. Das Kind erwartet die Bestrafung und fühlt sich möglicherweise nur dann sicher, wenn es bestraft wird (besonders mit masochistischer oberer Struktur).

Später können im gestörten Bereich verschiedene Arten von Selbstverletzung (z. B.: sich schneiden) als Möglichkeit dienen, dieses bekannte, selbstbestätigende Gefühl, das die Bestrafung gibt, fortzusetzen. Bei starken Borderlinern wird Missbrauch als eine Art »Liebe« wahrgenommen, die unter Umständen später bei den eigenen Kindern, beim Partner und beim Therapeuten wiederholt wird.

Eigenschaften und innere Welt:

Gestörte erwachsene Borderliner bleiben in der verwirrenden Welt des Kindes gefangen, in der Liebe und Hass sich vermischen, in der nur »gut« und »böse« ohne Zwischentöne existieren und nur die Unbeständigkeit beständig ist.

Menschen mit einer stark gestörten Borderline-Struktur sind kaum in der Lage, Widersprüche zu tolerieren, wobei sie sich selbst für andere widersprüchlich und paradox verhalten. Von großer Bedeutung bei Borderline-Symptomen ist der Mangel einer grundlegenden Selbstidentität. Um ihr ungenaues und meist negativ getöntes Selbstbild zu überwinden, suchen Borderliner wie Schauspieler ständig nach »guten Rollen«. Dabei passen sie sich (besonders stark mit narzisstischer Grundstruktur) an eine bestimmte Situation oder an die momentane Gesellschaft anderer an.

Borderliner können die guten und weniger guten Eigenschaften eines anderen Menschen nur schwer in einen beständigen Zusammenhang bringen. Der andere ist entweder »gut« oder »schlecht«, es gibt kaum Abstufungen und keine Grauzone. Nuancen und Schattierungen werden, wenn überhaupt, nur schwer begriffen. Geliebte und Partner, Mütter und Väter, Geschwister, Freunde und Therapeuten können an einem Tag idealisiert und am nächsten Tag völlig abgewertet und abgelehnt werden. Das eben noch geliebte und bewunderte Gegenüber wird dann entweder in ein Verlies verbannt oder die Borderline-Persönlichkeit verbannt sich selbst, um das »gute« Image des anderen aufrechterhalten zu können. Diese Art von Verhalten, das als »Spaltung« bezeichnet wird, ist der primäre Verteidigungsmechanismus des Borderliners.

Die innere Welt von Borderlinern ist angstbesetzt und übersensibel, wobei sich die Borderline-Symptomatik fast immer nur in Bezug auf Menschen und Situationen zeigt, die dem Klienten sehr nahe stehen. In anderen Lebensbereichen, zum Beispiel im Beruf, bei Haustieren und Pflanzen gibt es mehr Konstanz.

Kontakt und Beziehung:

Gegenüber nicht ganz nahestehenden Personen sind Borderline-Menschen liebenswert, offen und sehr lebendig. Sie wollen gut sein, da sie Bestätigung und Anerkennung für sich selbst und für ihre Selbstdarstellung brauchen.

Wenn sich Borderliner auf einen Menschen einlassen, dann tun sie es ganz. Aber jede kleine Distanzierung vonseiten des Partners kann Hilflosigkeit, Angst, Panik und Hysterie auslösen, wie bei einem Kleinkind, das verlassen wird. Der Borderliner kippt dann von »weiß« nach »schwarz«.

Dieses übergangslose Kippen ist für andere nicht nachvollziehbar. Plötzlich rastet ein (gestörter) Borderliner aus, tobt, beschimpft den anderen unbeherrscht und unkontrolliert. In seinen Handlungen wird er konfus, selbst- und fremdzerstörerisch. Dies ist in diesem Moment der explodierenden Angst seine Wahrheit.

Kippt der Borderliner danach wieder auf seine »andere« Seite, weiß er meist nicht mehr, was alles er in seinem Exzess gesagt und getan hat. Die Erinnerung daran scheint wie ausgelöscht. Dafür klagt er nun den anderen an, dass dieser ihm so gemeine und boshafte Sachen unterstellen will.

Andererseits, wenn Einsicht da ist, kann der Borderliner tieftraurig und voller Schuldgefühle, Selbstanklagen und depressiver Gedanken sein. Denn er hat etwas getan, was er selbst nicht versteht. Er möchte, dass alles wieder gut ist, dass alles vergeben und vergessen ist. Wenn nun der Partner in seinem Erschrecken vor dem vorher Erlebten stehen bleibt, kann die Angst vor Ablehnung, wieder nicht geliebt und verstanden zu werden, erneut so stark werden, dass der Borderliner von einer Sekunde auf die andere von weiß nach schwarz zurückkippt und der nächste Exzess beginnt.

Therapiebeginn:

Borderline-Klienten kommen oft mit einer Vielfalt an Symptomen in die Therapie. Verschiedene Therapien wurden zuvor häufig abgebrochen, wobei die Klienten oft hasserfüllt-zornige Äußerungen über die früheren Therapeuten kundtun. Zugleich idealisieren sie den jetzigen Therapeuten. (»Sie sind meine letzte Rettung.« – »Sie können mir helfen, das spüre ich!«)

Therapieverlauf:

Der Umgang mit Borderline-Klienten belastet die Selbstkonstanz des Therapeuten oft in starkem Maße. Gerade wenn der Therapeut glaubt, die Therapiesituation sicher im Griff zu haben, kann es geschehen, dass der Klient unvermittelt und mit unheilvollem Unterton sagt: »Ich bringe mich um, ich sehe keinen Ausweg mehr; und zu Ihnen habe ich auch kein

Vertrauen mehr – kommen Sie mir jetzt bloß nicht therapeutisch!« Der Klient, der zu seinem Therapeuten eine vertrauensvolle Beziehung aufzubauen begonnen hat, wird unvermittelt feindselig. Die Erinnerungen an die guten Seiten des Therapeuten sind plötzlich verschwunden.

Der Klient, der sich meist als chronisch machtlos empfindet, kann durch das unerwartete Verändern der Beziehungsatmosphäre als »heimlichen Gewinn« plötzlich ein Machtgefühl entwickeln und damit die Situation bestimmen und kontrollieren.

Das überlebensnotwendige Kontaktminimum zwischen Therapeut und Klient erstreckt sich in einer solchen Situation auf zwei Enden:

Erstens: Der Therapeut hat die Chance, begreifen und erkennen zu können, dass das Bedürfnis nach Selbstbestimmung und Kontrolle der eigentliche Strohhalm des Klienten ist.

Zweitens: Der Klient hat die Chance, begreifen und erkennen zu können, dass hinter der offensichtlichen (und keineswegs gespielten) Hilflosigkeit des Therapeuten eine kongruente und bejahende Akzeptanz steht.

Es gibt also eine therapeutisch fruchtbare Hilflosigkeit, die beim Klienten einerseits ein positives Selbstwertgefühl hervorruft und andererseits eine vertrauensvolle Dankbarkeit erwirkt, dass der Therapeut in seiner Hilflosigkeit authentisch, unzerstörbar und tragfähig ist.

Mit fortschreitender Therapie kann der Klient nun lernen, sich der Gefühle, die sich vor Einsetzen der Impulsivität zeigen, bewusst zu werden. Zusätzlich lernt die Borderline-Persönlichkeit, dass Verhaltensweisen, die sie als chaotisch und unvorhersehbar wahrgenommen hat, tatsächlich vorausgeahnt, verstanden und dadurch kontrolliert und in ein stimmiges Selbst integriert werden können.

Therapieende:

Der Klient hat nun erfahren, dass es in ein und derselben Person gute und böse Anteile gibt und dass diese Spannweite in einem kongruenten Selbst akzeptiert (und dadurch abgemildert) werden kann. Es kann ein langer und schmerzhafter Prozess sein, in Freundschaft mit seinen Schattenseiten zu leben. Wenn Hass und Liebe in ein und demselben Menschen existieren dürfen, ist der Klient seelisch gesund geworden. Der »Tanz auf dem Rasiermesser« ist endlich ausgestanden. Der Klient hat nun fühlen und begreifen gelernt, was es heißt, sich selbst und andere als eigenständige und kongruente Persönlichkeiten zu akzeptieren: »Es ist wunderbar ... Sie haben mir einen sicheren Ort gegeben, an dem ich mich entwirren, entfalten konnte. In meinem Inneren war ich irgendwie verloren. Sie haben mir Anerkennung und Freiheit gegeben, sodass ich schließlich mein wahres Ich herauslassen konnte.« (Klientenäußerung, zit. in: Kreismann, S. 214)

Therapeuten-Plus:

Ein Stück gemeinsame Realität herstellen, in seiner eigenen Mitte bleiben und nicht »mitkippen«, Konstanz bewahren und Grenzen setzen. Wohlwollend und akzeptierend bleiben: Der Therapeut muss sich einerseits vor allzu aggressiven Reaktionen des Klienten schützen, darf sich aber andererseits auch nicht selbstquälerisch dessen Anschuldigungen unterwerfen und seine eigene Glaubwürdigkeit dadurch abwerten. Denn die Glaubwürdigkeit und Selbstkonstanz des Therapeuten ist der größte und sicherste Halt für den Klienten, der um seine Identität ringt.

Der Therapeut muss greifbar und angreifbar bleiben und Grenzen setzen, wo immer es nötig ist. Er sollte frühzeitig (vorsichtig) verzerrte Wahrnehmungen des Klienten ansprechen, um dessen Realitätsbezug zu verbessern und ihm gleichzeitig Mut zu machen, sinnerfüllte Beziehungen einzugehen und sich selbst besser zu akzeptieren.

Therapeuten-Minus:

Gegenaggression, auf die beiden Seiten der »Wippe« mitgehen, den Klienten erdulden oder geschickt abschieben. Borderline-Klienten wittern äußerst fein, wenn der Therapeut eine unfruchtbare Hilflosigkeit zeigt, zum Beispiel, wenn der Therapeut Angst bekommt, seine Macht zu verlieren, wenn seine eigenen feindseligen Aggressionen hervortreten oder wenn sein eigenes Bedürfnis nach Anerkennung enttäuscht wird.

Wenn dies geschieht, greifen sowohl der Klient als auch der Therapeut jeder für sich zur Notbremse: Der Klient zieht sich in sein Schneckenhaus von Misstrauen und Enttäuschung zurück. Und der Therapeut zieht sich zurück, weil er sich überfordert fühlt oder gekränkt ist.

Fähigkeiten und Stärken:

Transformierte, sehr gesunde Borderline-Persönlichkeiten, ob Therapeuten oder mit Erfolg therapierte Klienten, haben ein gutes Gespür, wo Bruch- und Nahtstellen in jedem Menschen liegen. Sie können Spannungsbögen gut aushalten und schaffen einen klaren und geschützten Beziehungsraum, in dem der Klient sich entwickeln kann. Ein solcher Mensch ist sehr verständnisvoll und belastbar. Er weiß um die große Chance, in Grenzerfahrungen sein Selbst zu erkunden und kann Klienten auf der ganzen Palette zwischen »gesund« und »krank«, »unabhängig« und »abhängig«, »vertraut« und »fremd«, »sinnerfüllt« und »tödlich langweilig« geduldig und empathisch begleiten. Er vermittelt durch sein stabiles und belastbares Selbst auf glaubwürdige Weise seinen oft verstrickten und hin- und hergerissenen Klienten, dass es für ein autonomes Selbst möglich ist, »gute« und »böse« Anteile zugleich haben zu dürfen, und dass das zutiefst menschliche Geheimnis der Grenze (Borderline) und ihrer Überwindung zu den menschlichen Rätseln gehört, an denen ein Mensch reifen und seine eigene Sinnerfüllung und Transzendenz erfahren kann.

Borderline-Struktur und Gesellschaft:

Die Freizeit-, Medien- und Konsumgesellschaft vermittelt dem Einzelnen eine oft bruchstückhafte Identität – dies gilt als typisches Borderline-Merkmal. Nach Gneist (1997) scheint sich nicht nur bei vielen Individuen und Familien, sondern auch in der Gesellschaft insgesamt ein Strukturwandel von depressiven Phänomenen in den 70er-Jahren zu Borderline-Charakteristika in den 90er-Jahren anzubahnen. Die »Weder-Noch-Logik« des Borderliners entspricht in vielem der sprachlosen Ohnmacht, die Bürger moderner postindustrieeller Gesellschaften zunehmend zu befallen scheint. Mit Macht durchgesetzte Normen auf der einen Seite (zum Beispiel die zum eigenen – kurzsichtigen – Vorteil weiter geschürte Klimakatastrophe) und resignative Handlungsunfähigkeit auf der anderen Seite führen dazu, dass wechselweise Fühlen und Denken ausgeblendet wird.

Beide Tendenzen können unversehens ineinander übergehen, indem der Einzelne zunehmend schwankt zwischen Unterwerfung und Auflehnung. In unserer Viel-Perspektiven-Vielfalt gibt es derzeit keine tragende Ideologie, die hält, was sie verspricht, sodass viele Menschen nur aus dem jeweiligen Moment heraus intensiv glauben und handeln. Aus dieser hedonistischen Haltung heraus kommt es zunehmend häufiger dazu, entweder gegen den trügerischen Schein alles unerschütterlich einlinig zu idealisieren oder aus zertrampelter Hoffnung heraus alles radikal zu entwerten.

Der Glaube an Gesagtes und Geschriebenes ist nachhaltigem Zweifel gewichen. Borderline-Menschen können uns dabei helfen, zwischen Unschuld, Naivität und Aggression wieder zu einer gesellschaftlich selbstbestimmteren Handlungsfähigkeit zu kommen. Was in der Einzeltherapie gelingen kann, kann uns allen aufzeigen, wie dunkle, erschreckende, verwirrende Seiten wieder in Verbindung mit schöpferischen und verstandesklaren, ethisch sinnvollen Aspekten menschlicher Verantwortlichkeit gebracht werden können. Erich Fromms »Haben und Sein«, Yin und Yang, Selbst- und Fremdbestimmung stellen große Herausforderungen für die Gestaltung einer universalen menschenwürdigen und gerechteren Zukunft dar.

Ein Sprichwort aus dem Vorderen Orient: »Die Väter haben saure Trauben gegessen, aber den Kindern sind davon die Zähne stumpf geworden« (zitiert bei den Propheten Jeremia und Ezechiel) kann und muss für unsere Zukunft relativiert werden. Und dabei können Borderline-Eigenschaften uns helfen: Die »sauren Trauben« von Eltern und Gesellschaft machen nicht immer stumpfe Zähne, sondern manchmal auch sehr spitze: Mit aufmerksamer Feinheit, aus der ursprünglichen Not entstanden, können scharfsinnige und einfallsreiche, konflikt- und harmoniefähige Charaktere entstehen. Hass und Liebe, Bösartigkeit und Toleranz und andere widerstreitende Tendenzen muss jeder Einzelne wie auch die Gesellschaft insgesamt in sich versöhnen lernen.

Aus dem Mut, den Borderline-Menschen aufbringen, um aus ihrem übermächtigen Chaos mithilfe von Spontaneität und Kreativität herauszukommen, können wir alle profitieren und lernen.

3.5 Der aufmerksam-hypochondrische Typus – der »krankheitsneurotische« Charakter

Elternhaltung:

Die Eltern haben wenig Zugang zu ihren eigenen Gefühlen, das Beziehungsangebot zum Kind ist daher eher dürftig und flach. Zuwendung wird nur auf der erzieherischen und Bildungsebene gegeben sowie bei Äußerungen von Schmerzen und Krankheit. Die Eltern beschäftigen sich persönlich vor allem dann mit ihrem Kind, wenn es krank ist. Spielerische, gesunde und vitale eigenständige Impulse des Kindes werden subtil unterdrückt.

Antwort des Kindes:

Das Kind lernt, dass das Selbstwertgefühl vor allem dann bestätigt wird, wenn es krank ist und Störungen produziert. Jede kleine Abweichung des Normalgefühls wird als zuwendungsfördernder Hinweis auf eine Krankheit gedeutet. Krankheitsneurotische Menschen zeigen als Erwachsene oft psychosomatische Reaktionen, die vorwiegend bei Krisen in der oberen Struktur – also bei Leistungsversagen, mangelnder Anerkennung im Beruf oder bei Verlassenwerden und Trennung intensiv auftreten. Psychosomatische Reaktionen erschweren ein gutes Verbundensein mit der tiefen Lebensgrundhaltung (untere Struktur).

Existenzielle Anschauung:

Da ein Klient mit krankheitsneurotischer Charakterstruktur die Spannungspolarität des Gegensatzpaares »Selbständigwerden« und »Verbundensein« in einer bestimmten Art und Weise stark konflikthaft erlebt hat, werden Krankheit und Schmerzen in jeder engeren Beziehung über kurz oder lang einen hohen Stellenwert einnehmen. Denn er hat – im gestörten Bereich – die Anschauung ausgebildet: »Ich bin sehr krankheitsgefährdet. Das Leben ist sehr gefährlich, daher brauche ich viel Verständnis, Unterstützung und Zuwendung.«

Wenn diese nicht immer und jederzeit vom Bezugspartner gegeben wird, reagiert er zunächst wehklagend und dann zunehmend aggressiver. («Du hast leicht reden! Ich wünsche dir, dass du einmal nur einen Bruchteil von meinem Leiden am eigenen Leibe erfährst, damit du weißt, wie schlecht es mir geht!«)

Die innere Welt von Krankheitsneurotikern ist angstbesetzt, übersensibel und hypochondrisch.

Kontakt und Beziehung:

Krankheitsneurotische Menschen leben zum einen stark beziehungsgebunden, zum anderen versuchen sie verzweifelt, ihre eigene Autonomie über Stimmungen, Launen und Krankheiten zu retten. Damit versuchen sie, ihre Angehörigen dazu zu zwingen, ihre Wünsche und Bedürfnisse zu erfüllen (wird durch eine hysterische obere Struktur noch verstärkt). Sehnsucht besteht nach einer Person, die zugleich kongruent und empathisch bleiben kann – in guten wie in schlechten Zeiten.

Therapiebeginn:

Krankheitsneurotische Klienten kommen oft mit einem idealisierten Übertragungsangebot in die Therapie. («Du bist der Therapeut – du kannst mir bestimmt helfen!«) Sie schildern detailliert und ausführlich ihre Notsituationen, wie Schwindelanfälle, Kreislaufprobleme, unerklärliche Schweißausbrüche. Bei geringsten Anzeichen atypischer Körpersensationen zeigen sie eine hypochondrische Angst vor unheilbaren Erkrankungen: Eine Magenverstimmung könnte Krebs signalisieren, Herzschmerzen einen Infarkt ankündigen. Oft muss nachts der Notarzt kommen (der statt der panikartig empfundenen 41 Grad Fieber jedoch nur 38 Grad misst).

Typisches Kennzeichen für eine krankheitsneurotische Charakterstruktur: Die Umgebung wird zum Sanatorium umfunktioniert. Dies ist eine Wiederholung der Kindheitssituation, in der Zuwendung nur über Kranksein zu bekommen war.

In der Therapie entsteht schnell Druck, die körperlichen Symptome zu kurieren.

Therapieverlauf:
Die wichtigste Aufgabe des Therapeuten besteht darin, dem Klienten zu einem »Zurücksomatisieren« zu den eigentlichen psychischen Phänomenen zu verhelfen. Denn der Klient möchte ja endlich gesund und autonom werden, hat aber zugleich starke Angst davor, denn »autonom« sein bedeutet für ihn, die Liebe und Zuwendung der anderen zu verlieren. Ein vertrauensvolles Beziehungsklima ist daher unbedingt notwendig. Wie bei allen Symptomen ist eine Besserung nie direkt am Problem möglich, sondern nur auf dem »Umweg« über andere Themen. Bei solchen Themen kann der Therapeut durchaus führen und verschiedene Interventionsangebote machen, z. B. nach der Kindheit fragen, Partnerprobleme und Krankheitserfahrungen empathisch erfragen, selbst Geschichten erzählen (tatsächliche oder therapeutisch »erfundene« Erlebnisse anderer Klienten – allerdings niemals zu detailliert und so verfremdet, dass die Therapie-Schweigepflicht gewahrt bleibt).

Wenn sich aggressive Inhalte in den Schilderungen des Klienten andeuten, zum Beispiel in den Träumen oder in der Übertragung zum Therapeuten, ist dies ein gutes Zeichen. Nun wagt der Klient, sich autonom abzugrenzen. Zugleich erhöht sich aber auch die Angst, vom Therapeuten nicht mehr gemocht zu werden. Die Kongruenz des Therapeuten wird stark gefordert (wie bei allen mittleren Strukturen).

Ganz wichtig:
Der Klient erfährt, dass der Therapeut sich abgrenzen und

gleichzeitig in der Beziehung zum Klienten offen und empathisch bleiben kann.

Der Therapeut muss nicht alles ertragen, er kann sagen, wo ihm etwas zu viel wird. Seine Autonomie bedeutet nicht, den anderen nicht mehr zu mögen. Beides wird möglich: Weil ich dich mag, darum sage ich dir, was mich an dir stört.

Selbst wenn Klienten mit Therapieabbruch drohen, sollte der Therapeut nicht unsicher reagieren, sondern autonom und kongruent bleiben. Denn Aggression und die Angst, nicht mehr gemocht zu werden, gehören zu dem Grundkonflikt Autonomie versus Zugehörigkeit. Bleibt der Therapeut gelassen-belastbar, ist es höchstwahrscheinlich, dass der Klient wiederkommt.

Körperarbeit:

Nach der anfänglichen Idealisierungsphase und der darauf folgenden Ich-Du-Abgrenzung entsteht ein vertrauensvoller und belastbarer Beziehungsraum, in dem auch körperliche Experimente stattfinden können. (Nähe – Distanz, Vertrauensübungen, Abgrenzung, Halten und Abnehmen).

Therapeutisches Arbeiten führt in dieser Phase leicht zu Symptomverschiebungen. Diese können hilfreich sein, denn sie machen dem Klienten deutlich, dass Psychisches mit Körpersymptomen zusammenhängt und umgekehrt.

Therapieende:

Der Klient hat erfahren, dass es in ein und derselben Person gesunde und kranke Anteile gibt, einfühlende, den anderen unterstützende und abgrenzende, sich selbst vor Überforderung schützende Seiten. In einer offenen Beziehung kann dies akzeptiert und ausgehalten werden. Denn in jeder Beziehung gibt es den gesunden Spannungspol von Ich und Du, und kein Pol sollte verabsolutiert werden. Wenn der Klient mehr Vertrauen in sich gefunden hat («Leben ist nunmal lebensgefährlich, aber jetzt lebe ich und was aus meinem Kranksein wird, werde ich mit dem Partner besprechen und dann sehen wir mal, was bei der Diagnose herauskommt. Vielleicht ist es ja gar nicht so schlimm«), dann hat der Klient in der Beziehung zum Therapeuten ein stabiles Geländer gefunden, das es ihm ermöglicht, eigenständig das Risiko »Leben« zu wagen und dabei von nahestehenden Bezugspersonen »nach Kräften« verstanden und begleitet zu werden.

Therapeuten-Plus:

Sich wirklich für die Symptome interessieren, dabei aber die Grenzen der eigenen Belastbarkeit und der Toleranz kongruent aufzeigen. Auch wenn innere Achtsamkeit am Anfang nur selten möglich ist, geduldig bleiben und sich für das interessieren, was hinter den Symptomen an psychischen Problemen zutage tritt. Echt bleiben und sich um Stabilisierung des wirklichen Befindens hinter den Symptomen bemühen. So können korrigierende Erfahrungen gemacht werden.

Therapeuten-Minus:

Eigenverantwortung durchdrücken; zu viel aushalten und unsicher werden, ob man die Grenzen der eigenen Belastbarkeit aufzeigen soll. Hilfe anbieten und Ratschläge geben. Obwohl der eigene Kongruenz-Vorrat aufgebraucht ist, krampfhaft freundlich und empathisch bleiben. Abschieben des Klienten auf andere therapeutische Institutionen. («Ihnen ist nicht mehr zu helfen – pardon: ich kann Ihnen da nicht mehr weiter helfen.«) Mit solchen Äußerungen wird die selbsterfüllende Prophezeiung des Klienten ein weiteres Mal bestärkt.

Fähigkeiten und Stärken:

Ein transformierter, sehr gesunder Krankheitsneurotiker hat seinen Selbstwert wiedergefunden. Er kann Risiken und Unwägbarkeiten realistisch einschätzen und sich auf der Ebene »Ich – Du – Wir« klar abgrenzen. Er kann allein sein und ist sich bewusst, dass andere nur bedingt seine Ängste und Befürchtungen teilen können. Die Wahrnehmung einer bestimmten Störung – körperlich und/oder psychisch – ist nun verbunden mit der Gewissheit, dass »nichts so heiß gegessen wird wie es gekocht wird«. Morgen ist auch noch ein Tag, und die ärztliche Diagnose wird Gewissheit über die Störung bringen. Ein solcher Mensch kann sich mit den Ungewissheiten des Lebens und eventuellen Krankheiten gelassener auseinander setzen und ist sich bewusst, dass er – ob krank oder gesund – einen zuverlässigen Partner an seiner Seite hat.

Er wird um seiner selbst willen gemocht, gleichgültig, ob er gesund oder krank ist.

Therapeuten mit krankheitsneurotischen Anteilen:
Sie haben viel Verständnis und Geduld, wenn ein Klient ängstlich und etwas überzogen von möglichen Gefahren spricht. Sie verstehen gut, wenn Klienten aufgrund ihres eigenen Unvermögens fürchten, nicht mehr gemocht zu werden. Solchen Therapeuten ist bewusst, dass es nicht um objektive Fakten geht, wenn Klienten überängstlich und hypochondrisch reagieren, sondern um den tiefen Wunsch, bedingungslos akzeptiert zu werden. Sie können gut aushalten, dass Zaghaftigkeit, Verzweiflung und Lebensangst zu einem Prüfstein in Beziehungen werden können und spenden echten, ermutigenden Trost in scheinbar ausweglosen Beziehungssituationen. Durch ihr einfühlendes Verstehen und ihre – bei sich selbst erarbeitete – Autonomie bieten sie Klienten einen Spiegel an, in dem diese sich auf der ganzen Palette zwischen »gesund« und »krank« empathisch begleitet fühlen können. Auf glaubwürdige Art und Weise vermittelt ein solcher Therapeut, dass es für ein autonomes Selbst möglich ist, gesunde und kranke, einsame und symbiotische Anteile zugleich haben zu dürfen.

Der Satz: Ich bin okay – du bist okay – wir sind okay erfährt hier seine Sinnerfüllung.

4 Die oberen Charakterstrukturen

4.1 Einleitung

Die oberen Strukturen bilden sich zwischen eineinhalb und vier bis fünf Jahren heraus.

Die Selbstbildung (mittlere Struktur) ist bereits zustande gekommen. Eine Person ist da, die etwas will und die dies auch klar äußern kann. Das Kind erlebt seine Bezugspersonen als konkretes Gegenüber, mit denen es Zusammenarbeiten oder Konflikte austragen kann.

Bei den oberen Strukturen geht es um Rollenverhalten, um die Ausdifferenzierung von Leistung, um Geschlechterrollen und um die Fähigkeit, geschickt rollenspezifische Teilzuschreibungen vorzunehmen. Wenn diese ausdifferenzierten Fähigkeiten aufgrund bestimmten langandauernden Fehlverhaltens der Bezugspersonen nicht mit dem Gesamtempfinden der Person verbunden sind, kommt es zu Störungen. Daher darf der Therapeut sich nicht in den Konflikten verstricken, da diese durch die zu Symptomen verfestigten separaten Fähigkeiten des Klienten verursacht sind. Vielmehr geht es darum, den Klienten wieder mit seiner Mitte zu verbinden, um dann in den unteren Strukturen anzukommen. Erst jetzt kann der Klient seine Grundzyklen wiederfinden, um von da aus in einem neuen Wachstums- und Vertrauensschub neue Kraft und gestärktes Selbstbewusstsein in den mittleren und oberen Strukturbereich mit hinaufzunehmen und die alten selbsterfüllenden Prophezeiungen im Lauf des Therapieprozesses zu modifizieren.

Wenn dies geschieht, darf der Klient allerdings nicht in der Beziehung zum Therapeuten »hängen« bleiben, sondern er muss die Möglichkeit erhalten, mit seinen Fähigkeiten kongruent und autonom in die Welt hinausgehen zu können.

Liegt eine Störung im oberen Strukturbereich vor, wird der Therapeut sehr schnell im Beziehungsraum verstrickt – sprich: bezaubert, genervt oder in Kompetenzgerangel verwickelt und energetisch eingefangen. Therapeutische Linderung im Sinn tieferer Felt-shift-Erfahrungen ist daher nur in einem besonders sauber geklärten Beziehungsraum möglich. Da die Störung im differenzierten Beziehungsgeschehen entstanden ist, kann sie auch nur im Miteinander des therapeutischen Beziehungsgeschehens korrigiert und verändert werden.

Bei den oberen Strukturen geht es um den Spannungspol »Selbstständigsein – Zusammensein«, wobei die Selbstfindung der mittleren Struktur bereits stattgefunden hat. Der Selbstwert, die innere Würde und Autonomie sind jedoch nicht genügend gefestigt, sodass im Rollenverhalten und in der Rollenzuschreibung an den Therapeuten »selbsterfüllende Prophezeiungen« geschehen, die den Beziehungsraum belasten.

Dies kann auf folgende Weise geschehen:

- Der Klient kann sich zu wenig abgrenzen. Er erzeugt Druck und Schuldgefühle beim Therapeuten, indem er folgende Haltung vertritt: »Wenn ich nicht sein darf, wie ich will, sollst auch du nicht so sein dürfen, wie du willst! Wenn du etwas von mir willst, werde ich mich (indirekt und passiv) widersetzen.« Dies ist die masochistische Strategie.
- Der Klient hat die Überzeugung: »Mir fehlt etwas, es reicht nicht, wenn ich nur bin. Ich muss auf mich aufmerksam machen, verführerisch sein, klammern.« Dies ist die hysterische Strategie.
- Der Klient ist überzeugt, dass er so, wie er ist, nicht okay ist: »Ich muss mir Zuwendung über Leistung verdienen. Daher muss ich etwas leisten, tun, machen.« Dies ist die rigide Strategie.

4.2 Der belastbar-leidende Typus – der »masochistische« Charakter

Elternhaltung:

Leistung wird erwartet, dann aber kritisiert (»Gut, wenn du etwas machst, aber nicht so!«). Die Eigenständigkeit des Kindes als autonome Person wird nicht wirklich toleriert. In den ersten Lebensphasen hat das Kind Stärkung und Liebe erfahren. Sobald es alt genug wurde, um zu realisieren, dass es sich selbst behaupten und nein sagen kann, gerät es in einen Konflikt, weil die Bezugsperson von nun an seine natürlichen Impulse hemmt. Da die Eltern nicht in der Lage sind, die Selbstbehauptung des Kindes zu ertragen, wird es kontrolliert, um es zum Gehorsam zu bewegen. Dies muss nicht auf bösartige Weise geschehen, elterliche Zuwendung oder Schuldgefühle können auch zur Manipulation eingesetzt werden: »Du bist mein kleiner Junge, und ich weiß, dass du mir nicht weh tun willst.« Damit kann das Kind zur Kooperation gezwungen werden.

Antwort des Kindes:

Das Kind lernt, seine natürlichen Impulse zurückzuhalten und hemmt seine Emotionalität. Um sich die Liebe der Mutter zu erhalten, muss das Kind sie erfreuen, ihr gehorchen und seine eigene Unabhängigkeit und Selbstbehauptung verleugnen. Für diese Liebe gibt es seine Würde, Individualität, Unabhängigkeit und Selbständigkeit preis. Zuerst wird das Kind wütend über die Forderungen der Eltern, aber Versuche, den Ärger auszudrücken, werden sofort zunichte gemacht. Die Situation erscheint zunächst hoffnungslos. Die einzig akzeptable Zuflucht besteht darin, nach außen hin gehorsam zu sein, aber innerlich Widerstand zu leisten. Die Strategie besteht in der Verzögerung von Handeln. Das Kind lässt die Mutter auf sich warten, während es oberflächlich lieb und kooperativ ist.

Existenzielles Thema:

Der Spannungspol »Selbstständig/autonom sein« – »zusammen sein/geliebt werden« ist mit Schuld und Druck aufgeladen. Das Selbstwertgefühl, die innere Würde und Autonomie sind beschädigt. Typische Haltung: »Ich möchte gerne frei sein, aber es ist hoffnungslos.« Daraus folgt: »Wenn ich nicht sein darf, wie ich will, sollst auch du nicht so sein dürfen, wie du willst! Wenn von mir jemand etwas will, so werde ich mich widersetzen.« Der Masochist strengt sich an, es hat aber doch keinen Sinn. Daher muss er aushalten, durchhalten, darf nicht aufgeben. Doch da es »eh nichts nützt«, kommt es zu keiner befriedigenden Handlung – der innere Druck verstärkt sich.

Innere Welt:

Viel Power, Energie, die aber im Körper innen stecken bleibt. Dauerdruck, Masos fühlen sich oft schuldig, haben das Empfinden, nichts wert zu sein: »Was und wie ich's auch mache, es ist falsch/verkehrt.« Masos wüssten eigentlich, was gut für sie wäre, doch es gibt immer ein »aber«: ... aber es reicht nicht, es geht so nicht, jetzt ist es zu spät usw. Aufgrund seines negativen Selbstbildes ist der Masochist geneigt, sich anderen unterzuordnen. Da er tief innerlich glaubt, dass er wirklich schuldig ist, dass jedes Unglück der Mutter sein Fehler war, sucht er Situationen, die diese Überzeugung unterstützen. Er richtet es so ein, dass er Misserfolg haben muss und unglücklich wird. Er gibt sein Bestes, aber trotzdem misslingt es ihm. Durch sein verzögerndes Nein sabotiert er sich selbst.

Masos benötigen Druck, um sich überhaupt zu spüren. Sie haben keine Freude am Leiden, sondern fühlen sich nur unter Druck und in Spannungssituationen existent. Sie erzeugen Spannung und Druck, statt atmosphärisch und situativ mitzuschwingen.

Teufelskreis:

»Ich möchte/muss meinem Partner mehr zeigen, dass ich ihn mag, aber ich hab zu wenig Zeit/Nerven/Ausdrucksstärke. Ich bin daher schuldig und muss noch besser/schneller/geduldiger werden.« Durch diesen Druck entstehen Fehler, Verletzungen, neue Unachtsamkeiten, die das Schuldgefühl vergrößern. Daher: noch besser machen, noch mehr Druck/Fehler/Gereiztheiten.

Kontakt und Beziehung:

Kooperationsbereit, passiv aggressiv, fühlen sich oft hoffnungslos, jammern, fühlen sich aber darunter überlegen. Die Unschuld des Masochisten verdeckt seine Verachtung und Wut, die er im Inneren fühlt. Die Enttäuschung seines Gegenübers ist in gewisser Weise eine passiv-aggressive Rache. Masos haben im gestörten Bereich Autoritätsprobleme, die sie nicht direkt angehen, wie Hass, Wut, Trotz und Angst vor Schuld, vor Erdrücktwerden, vor Versinken in Hilflosigkeit. Masos haben oft ein starkes Liebesbedürfnis und gleichzeitig den tiefen Wunsch, frei zu sein. In Beziehungen haben gestörte Masos Angst, festgehalten zu werden. Sie können nur schwer ertragen, wenn der Andere sich wohl, frei, lebendig fühlt – sie müssen ihn dann »herunterziehen«.

Auf gestörte Masos reagiert man häufig spontan rigide, antreibend, ungeduldig und gereizt. Es bringt nichts einem Maso, immer noch mehr Zeit – zum Beispiel für Beziehungsklärung in der Gruppe zuzugestehen – er wird trotzdem länger brauchen und mit immer neuen indirekten Aggressionen einen stimmigen Kompromiss verhindern. Masos widersetzen sich allem, was ihnen von außen aufoktroyiert wird.

Klientenmotivation bei Therapiebeginn:

Kommen mit Themen und Problemen, in denen Druck, Stockungen, Sackgassen vorkommen. Masos wollen wieder funktionsfähiger werden, sie wollen etwas leisten und verstärken damit den inneren Druck (der auch auf die Leistungsschiene des Therapeuten überspringen kann).

Therapiebeginn:

Zusammen im Schwierigen dableiben, das Unlösbare wirklich anerkennen und bestätigen: »Das ist wirklich schwierig, unangenehm.« Und: »Ich bleibe bei dir, obwohl es so schlimm ist.« Nicht schon innerlich Lösungen vorbereiten und ausdenken!

Typische strukturgebundene Verhaltensweisen:

Gestörte Masos bleiben »ewig« in der Therapie, wobei sich praktisch nichts verändert. Sie kommen oft zu spät, beginnen fünf Minuten vor Schluss mit etwas Wichtigem und sind häufig unachtsam (= indirekt aggressiv), zum Beispiel mit schmutzigen Schuhen in die Praxis kommen, Beschädigen von Einrichtungsgegenständen; (hier sind klare Grenzen des Therapeuten wichtig, damit es nicht zu Gegenübertragungen kommt).

Maso-Klienten machen bereitwillig mit, widersetzen sich aber beharrlich jedem Versuch zur Veränderung. Das therapeutische Setting ist daher im Grunde kontraindiziert (Paradoxie): Heilung darf nicht von außen kommen. Als Therapeut kommt man dabei leicht in Gegenreaktionen: Langeweile, Ungeduld, Ärger, Verzweiflung, Inkompetenz (»ich habe noch nicht den richtigen Trick gefunden«); oft entmutigende Rückfälle: Der Klient widersetzt sich dem Erfolgsstreben des Therapeuten.

Wichtig ist:

Als Therapeut von vorneherein in sich einen Punkt, eine Haltung zu finden, die heiter und gelassen ist. Der Konflikt, die Hoffnungslosigkeit, muss angenommen, nicht gelöst werden (= indirektes Abnehmen).

Es ist wichtig, gemeinsame Schritte zu finden, dabei aber nur sehr bedingt den Klienten vor Alternativen stellen und nicht zu Entscheidungen auffordern, sondern Vorschläge machen; Raum lassen für den Klienten (nicht fragen: »was willst du?«, sondern: »wenn du das willst ...«). Als Therapeut nicht kontrollierend oder beurteilend sein, sondern auch Spaß im Auge haben (wirkt für Außenstehende oft paradox). Masos vertragen Humor und Verschmitztsein, sofern keine abwertende Komponente dabei ist.

Wenn Wut aufkommt, dableiben – wenn man Angst hat, ist man wie die Mutter, die die vitalen Lebensimpulse des Kindes nicht vertragen hat.

Therapieverlauf:

1. Schritt:

Teil des Druckes abnehmen: Wir schauen uns das »Gefängnis« zusammen an – ich kann – und will es dir nicht wegmachen, aber ich möchte mit dir zusammen schauen, wie es sich anfühlt.

Psychisch Druck abnehmen (und sich als Therapeut vor dem immer »sumpfiger« werdenden Terrain schützen): Sich nicht mitfreuen, sondern »auf der Bremse stehen«, das »aber« provozieren: »Ist ja ganz schön, was du da sagst, aber meinst du wirklich, dass das geht?«

Wichtig dabei: Auf der Bremse stehen darf der Therapeut nur aus einem therapeutisch sauberen Grundgefühl heraus.

Der Klient muss sich sicher sein können, dass der Therapeut wohlwollend ist und nicht aus eigenem Ärger heraus handelt, weil sein Kongruenz-Vorrat verbraucht ist.

2. Schritt:
Mit der Zeit merkt der Klient, dass nicht die Umgebung und die anderen so widrig sind, sondern dass die Schwierigkeit in ihm selbst liegt. Damit ist man wieder am Ausgangspunkt, am Anfang der Therapie angelangt.

Wichtig: nichts ändern wollen, nichts lösen wollen, sondern auf das bisschen Freiraum im Klienten achten (etwas freier Durchatmen, etwas Bewegung, ein Stückchen mehr eigenes Umgehen mit sich selbst). Der Klient kann erfahren: »Wir können zusammen arbeiten, wir sind ein Team geworden.«

3. Schritt:
Schritt zwei ist Voraussetzung für das Ankommen in der unteren Struktur – nur dort ist die Auflösung des masochistischen Zirkels möglich!

Wenn der Therapeut Angebote in Richtung untere Struktur macht (Focusingschritte, felt sense), reagiert der Klient häufig mit Trotz oder mit »banalem« Empfinden. So beginnt der Therapieprozess immer wieder von vorne.

4. Schritt:
Aus der unteren Struktur kann sich der Klient Energie und Kraft holen, dann wieder in die mittlere und obere Struktur »hineinwachsen« und Wut und Auflehnung ausdrücken. Erst jetzt ist Arbeit mit Aggression angebracht, vorher – ohne Unterstützung durch die untere Struktur – fällt alles wieder in sich zusammen.

Masochismus löst sich auf über Aggression und (gegen Ende der Therapie) über Humor.

Wie beim Rigiden geht es um direkten Herz-Kontakt: Bei gestörten Masochisten ist der Weg nach oben (Lachen, Selbstsicher in die Welt schauen) und nach unten (Aggression, erfüllte Sexualität) versperrt.

Therapieende:

Das masochistische Gefängnis bzw. die masochistische »Sumpfwanderung zu zweit« löst sich am Ende einer erfolgreichen Therapie nach oben auf in wirkliche, selbstbestimmte Leistungsfähigkeit und nach unten in den oralen, narzisstischen, schizoiden Grund, in ein weiches, dankbares Gefühl: mir hilft jemand, mich spiegelt jemand, jemand hat zu mir Kontakt.

Körperarbeit:

Der Masochist hält eine enorme Spannung im Inneren fest. Er presst seinen Körper energetisch zusammen, um seine Impulse innen zu halten.

Daher ist aktives Abnehmen des Druckes auf allen Ebenen, besonders im Schulter- und Beckenbereich empfehlenswert (Rückenlage, Beine angezogen, auf Fußsohlen drücken).

Viel Körperarbeit ist möglich, da dies zum In-Kontakt-Kommen mit der eigenen Kraft führt (Gegendruck, Freude an der eigenen Kraft, an der Expansion, die von innen her kommt).

Körperliche Kennzeichen im gestörten Bereich: oft gedrungener, gestauchter Körperbau in späteren Jahren, schwer, Energie geht nach unten, Masos »waten im Sumpf«, der Rücken ist oft rund, als körperlich gewordener Widerstand gegen ständiges Geschubstwerden. Schultern nach vorne, Becken eingezogen, Beine angespannt. Gesicht leicht beleidigt, hoffnungslos, freundlich, Augen leidend bis trüb (»Kuhblick«). Kurze Einatmung, lange, hinunterdrückende Ausatmung.

Therapeuten-Plus:

Eigene, klare Grenzen setzen, um nicht in Gegenübertragung zu kommen. Geduld, Belastbarkeit, keine schnellen Lösungen finden wollen, Druck abnehmen, nichts ändern wollen, geduldig warten, bis Focusing ein Ankommen in der unteren Struktur ermöglicht. Humorvoll bleiben und kreativ aggressiv sein.

Therapeuten-Minus:

Klient vor Alternativen stellen oder Entscheidungen fordern, leicht genervt sein, versuchen, Akzeptanz »durchzudrücken« (der Klient soll sich endlich mögen!), aus eigenem Ärger heraus das »Aber« provokant einsetzen, Wut und Aggression des Klienten ablehnen.

Therapeuten mit transformierten masochistischen Anteilen:

Therapeuten mit transformierten masochistischen Anteilen haben viel Geduld, sind sehr ausdauernd, verstehen gut, wenn's beim Klienten nicht weiter geht, können auch bei anderen Strukturen geduldig und einfühlend Belastendes und Druckanteile herausarbeiten und dem Klienten Mut machen, auch in scheinbar ausweglosen Situationen einen kleinen Schritt aus dem »Sumpf« heraus zu unternehmen. Masotherapeuten achten die Autonomiewünsche des Klienten und helfen ihm, sich klar und sauber abgrenzen zu lernen.

Masotherapeuten können gut mit hysterischen Klienten arbeiten, da sie nicht jeden »Flip« mitmachen. Da Therapeuten mit masochistischen Anteilen sehr sensibel auf Druckanteile reagieren und sehr ausdauernd bis aussitzend sein können, kann dies allerdings manchmal auch provozierend wirken, zumal sie strukturbedingt meinen, es sei gut, wenn der Klient wütend und aggressiv werde.

Masotherapeuten haben Humor, sind an vielem interessiert und in ihrem Selbstwert sehr belastbar. Sie gehen fair und sauber im Beziehungsraum mit dem Klienten um und ermöglichen damit, dass der Klient im Zusammensein seine Selbständigkeit und Autonomie wiedererlangt.

Fähigkeiten und Stärken:

Ein transformierter, sehr gesunder Maso – ob Therapeut oder Klient – ist von einer tiefen Toleranz und Akzeptanz für menschliche Schwächen und Stärken durchdrungen. Er besitzt eine enorme Ausdauer und ist sehr belastbar und stark.

Der transformierte Maso ist ein hingebungsvoller Partner und »Familienmensch« und bereit, Beziehungen durchzuhalten, auch wenn die Zeiten schlechter werden.

Selten gibt es etwas so Erfreuliches wie einen transformierten Maso, der gelernt hat, über sich selbst zu lachen. Es ist eine Lust, mit einer solchen Person zusammen zu sein, denn sie hat einen trockenen, ausgeprägten Sinn für Humor, ist lebensfroh und mitreißend in positiven Gefühlen und Stimmungen. Da transformierte Masos gelernt haben, sich selbstverantwortlich eigene Grenzen zu setzen und frei zwischen Ja und Nein zu wählen, besitzen sie eine warmherzige, umfassende Liebe, innere Ruhe und die Stärke, geduldig und sensibel zu sein.

Die Fähigkeit, noch ungelöste Fragen und Themen auszuhalten und zu akzeptieren, ist nun zu einer Kraft geworden: Ein solcher Mensch hat gelernt, sorgfältig zu unterscheiden, wann er anderen etwas geben kann und wann er es besser für sich behält.

Er besitzt im transformierten Zustand einen mitreißenden Humor, ein unwiderstehliches Strahlen und eine selbstbestimmte, autonome Leistungsfähigkeit.

4.3 Der temperamentvoll-dramatisierende Typus – der »hysterische« Charakter

Entstehung:
Die hysterische Struktur bildet sich in einer Entwicklungsphase, in der sich das Kind bereits in gewisser Weise autonom fühlt. Es beginnt, sich seiner Geschlechtlichkeit bewusst zu werden, und sucht einen eigenständigen Platz zwischen Mutter und Vater. Dabei entdeckt es geschlechtliche und rollenspezifische Unterschiede. Die Geschlechtsunterschiede und die gegenseitigen Rollenzuschreibungen hat das Kind zwar schon früher wahrgenommen, jetzt aber werden sie emotional und energetisch bedeutsam.

Elternhaltung:
Die Eltern sind zu ihrem Kind bis zu diesem Lebensalter zärtlich und liebevoll gewesen, aber da das Kind sich zunehmend seiner Geschlechterrolle bewusster wird, beginnen sie (besonders der gegengeschlechtliche Elternteil), das Kind in be-

stimmten Verhaltensbereichen abzulehnen. Meist fühlt sich der Vater oder die Mutter von den eigenen sexuellen Impulsen dem Kind gegenüber bedroht und zieht sich von ihm zurück, um diese Gefühle zu hemmen. Der Körperkontakt zum Kind beginnt problematisch zu werden.

Es kann aber auch sein, dass die Eltern, entweder Mutter oder Vater oder beide, einfach zu sehr mit anderen Problemen beschäftigt sind und daher wenig Zeit und Energie für die Probleme des Kindes haben. Die Eltern reagieren vor allem dann auf ihr Kind, wenn es aufgeregt ist. Jedenfalls erhält das Kind, aus welchen Gründen auch immer, nicht die Aufmerksamkeit seiner Eltern, die es in dieser Phase benötigt.

Antwort des Kindes:
Es reagiert zuerst betroffen und verletzt. Mit der Zeit lernt es, dass es Aufmerksamkeit nur dann bekommt, wenn es laut wird und emotional aufdreht. Da die Gefühle des Kindes bisher akzeptiert wurden und es jetzt ohne offensichtlichen Grund zunehmend zurückgewiesen wird, fühlt es sich auf diffuse Art und Weise verraten. Es sehnt sich immer mehr danach, so akzeptiert zu werden, wie es ist. Zugleich fühlt es Ärger und Trotz.

In dieser Phase nimmt das Kind sein Bedürfnis nach Nähe nicht als sexuell (im erwachsenen Sinne) wahr, sondern erfährt schmerzhaft, dass seine Gefühle im Allgemeinen nicht mehr akzeptiert werden. Es sucht einen eigenständigen Platz zwischen Mutter und Vater und entdeckt nun bewusst, wie verschieden Mutter und Vater, Eltern und Kinder, Männer und Frauen sind. Diese Erkenntnis war zwar schon früher da, aber jetzt wird sie emotional bedeutsam. Dies geschieht entwicklungsgeschichtlich in einer Zeit, in der sich das Kind in Märchenerzählungen, Kinderfilmen und Bilderbüchern fasziniert mit Prinz und Prinzessin, König und Königin, mit lieben und bösen Geschöpfen, mit Einsamkeit, Mut, Sehnsucht und Geborgenheit beschäftigt und identifiziert.

Schließlich entwickelt das Kind, um wieder die frühere unbedingte Zuwendung der Eltern zu bekommen – gerade im

Bereich der Geschlechtsrolle – zunehmend diejenigen Verhaltensweisen, die beim gegengeschlechtlichen Elternteil noch am besten ankommen. Neben einem allgemeinen emotionalen »Hochfahren« kann es daher auch zu einer einseitigen Überbetonung entweder des weiblichen oder des männlichen Verhaltens kommen.

Beim Mädchen: verführerisch, aufreizend (weiblich) oder maskulin-kumpelhaft; beim Jungen: »Muttersöhnchen« (weiblich) oder »Macho« (männlich).

Existenzielle Anschauung:

Ein Klient mit hysterischer Charakterstruktur hat in dem Spannungspol »Selbstständig werden« und »Verbunden sein« erfahren müssen, dass seine erwachenden Gefühle in puncto Rollenfindung und sexueller Identität nicht genügend akzeptiert werden. So hat er die Anschauung ausgebildet: »Niemand versteht mich, meine Gefühle werden nicht akzeptiert, ich bekomme nicht die Aufmerksamkeit, die ich brauche.« Daraus folgert er: »Ich brauche viel Nähe und Zuwendung. Um möglichst viel davon zu erhalten, muss ich Emotionen produzieren und andere auf mich aufmerksam machen.«

Innere Welt:

Viel Enttäuschung und Einsamkeit. Hysterische Personen fühlen sich ganz schnell nicht beachtet. Sie sehnen sich nach Schutz, Liebe und Geborgenheit. In Verbindung mit einer oralen Grundstruktur neigen sie zu intensiver Übertreibung. Allein sein erleben sie oft als Gefühl der Verlorenheit. (Durch Borderline-Anteile kann dieses starke Wechseln der Befindlichkeit noch verstärkt werden.)

Gestörte Hysteriker haben eine große Angst vor einer beständigen und tiefen emotionalen Verbundenheit, weil sie – wenn sie ihr Herz wirklich öffnen – verletzt, ausgenutzt und verraten werden könnten. Daher haben sie ihr Herz in rigider Form eingeschlossen. Der direkte, weiche und tiefe Kontakt und der direkte Ausdruck des Herzens zum anderen hin sind hinter einem emotionalen Rauschen verborgen und unterdrückt. »Herzlichkeit« ist nur nach oben möglich: Wirken mit der

Stimme, mit den Augen, mit den Händen und nach unten: mit den Beinen (beschwingter Gang) und in einer abgespaltenen Sexualität im Becken.

Hinter all dem Machen steckt eine tiefe Sehnsucht, endlich nicht mehr so viel tun zu müssen. Sie sehnen sich danach, dass der jeweilige Partner die wirkliche Not und Einsamkeit erkennt und den Hysteriker so mag, wie er wirklich ist (eine orale Grundstruktur verstärkt dieses Sehnen noch). Doch genau dies verhindern Hysteriker, indem sie sich der Welt strahlend, energiegeladen, temperamentvoll und verführerisch präsentieren.

Kontakt und Beziehung:

Da Hysteriker überreaktiv und leicht erregbar sind, übertreiben und dramatisieren sie häufig. In Konfliktsituationen können sie sich nur schwer sachlich verhalten. Ein Bemühen um Deeskalation ist für gestörte Hysteriker eher ein Grund, emotional noch mehr auszuflippen. Kompromissbemühungen durch einen Weg der »kleinen Schritte«, Klärung von Detailfragen oder das Einhalten fairer Streitregeln werden durch eine theatralische Inszenierung emotionalisiert und auf eine Nebenbühne verschoben.

Hysteriker sind sehr sensibel und empfindlich. Daher sind sie leicht zu enttäuschen, was zu unerwarteten Gefühls-Wechselbädern führt. In ihrer tiefen Unsicherheit beginnen sie zu klammern, da sie sich unfähig fühlen, auf gleicher Ebene mitzuhalten. Durch Überemotionalisierung werden sachliche Argumente außer Kraft gesetzt. Der Satz »ich fühle, also bin ich« wird nun mit der vollen Wucht eines Adrenalinschubes gegen den Beziehungspartner und/oder gegen sich selbst in Szene gesetzt.

Erotische Attraktivität und Sexualität haben im hysterischen Bereich einen hohen Stellenwert, der »Sekt perlt noch unter der Haut«. Hysteriker beherrschen die Kunst des Lockens und Verführens, mit stolzer Kopfhaltung fahren sie Emotionen hoch, um wahrgenommen und bewundert zu werden. Ihre sexuelle Sicherheit setzen sie auch ein, um einen möglichen

Kontaktabbruch des Partners zu vermeiden. Sie können mit einem Partner intensive Sexualität leben und mit einem anderen ihre zarten Herzgefühle teilen. Sexuelle Aktivitäten werden bei Bedarf also auch als Abwehr gegen ein tieferes Einlassen eingesetzt. Beziehungen sind faszinierende, aufregende und hochemotionale Rollenspiele, für die Hysteriker eine schier unerschöpfliche Energie aufbringen können.

Die Welt ist eine Bühne, das Leben findet jetzt und hier statt, und zwar ausschließlich. »Carpe diem« (pflücke den Tag) ist das Motto.

Mit hysterisch strukturierten Menschen wird es nie langweilig. Was sie tun, tun sie ganz, 100-prozentig – bis zur physischen und psychischen Erschöpfung von sich und ihrem Partner.

Die Sehnsucht nach einem beständigen Gegenüber, der ihnen Halt gibt und der sie nicht nur wegen ihrer Attraktivität, ihres Temperaments und ihrer Verführungskunst liebt, wird durch das eigene Unvermögen, eine beständige Beziehungssicherheit im Alltag leben zu können, immer wieder enttäuscht. Denn dazu muss man sein Herz wirklich öffnen, weiche Gefühle zulassen und sich so zeigen können, wie man hinter allem Schein und Wirken wirklich ist.

Klientenmotivation bei Therapiebeginn:

Hysterisch strukturierte Klienten kommen aufrecht und gerade zum Erstgespräch. Sie sind sehr beziehungsorientiert und besitzen eine klare persönliche Ausstrahlung. Sie reagieren schnell auf die Persönlichkeit des Therapeuten und zeigen viel Engagement, perlende Energie und große Bereitschaft, sich auf die jeweilige Therapieform und auf die Klientenrolle effektiv und schnell einzulassen.

Therapiebeginn:

In einem sicher und sensibel geführten smalltalk bei Therapiebeginn betonen hysterisch strukturierte Klienten oft, dass es ihnen eigentlich gar nicht so schlecht ginge. Probleme gäbe es eigentlich nur im Beziehungsbereich, und sie sind sehr interessiert, was sie dabei noch besser machen und dazulernen könnten. Hysterische Klienten bieten viel an, zum Beispiel Einsichten, Erkenntnisse, Träume. Sie wollen es dem Therapeuten leicht machen und sind daher zu Beginn meist »gute«, gelehrige Klienten.

Durch ihr Temperament machen sie kaum Pausen, was es am Anfang für den Therapeuten schwierig macht, zu intervenieren. In klarer Beziehungsgebundenheit zum Therapeuten erzeugen solche Klienten durch Mimik, Gestik, intensiven Blickkontakt und durch ihre oft sprachmelodisch wirkungsvolle Redegewandtheit dabei sehr schnell eine intensive, lebendige und emotionale Therapiesituation.

Therapieverlauf:

Der Therapeut erkennt den hysterischen Prozess relativ bald: Der Klient zeigt viele Gefühle und fängt den Therapeuten im Beziehungsraum gefühlsmäßig ein. Der Klient wirkt dabei sicher, wechselt von Thema zu Thema und agiert verführerisch. Wichtig ist es, sehr langsam, ernsthaft und sorgfältig zu arbeiten und nicht mit der Dynamik der Gefühle mitzugehen.

Als Therapeut sollte man zu Beginn abwartend und bereit sein, dass das rasche Tempo und die Vielfältigkeit an Gefühlen auch einmal nachlässt. Therapeutisch ist es gut, geduldig zu spiegeln und zurückzusagen, wobei ein wohlwollendes Interesse und kongruentes Dasein unabdingbar sind.

Nach dem Befinden und in die Gegenwart fragen, betonen, dass es nicht so wichtig ist, alles so ganz ausführlich darzustellen. Es ist auch okay, wenn der Klient weniger Erlebnisschilderungen liefert. Es darf auch ruhig undeutlich und unklar sein.

Gute Frage: »Wie ist das, dass es immer so viel ist?« Die Sehnsucht, dass es nicht immer so viel sein muss, ansprechen. Der Therapeut sollte innerlich parat sein, die (wenigen) Pausen und Schweigephasen, wenn sie auftauchen, geduldig auszuhalten.

Wichtig ist es, in wirklichen Kontakt zu kommen, da hysterische Klienten sich zwar in starker Beziehungsgebundenheit befinden, in Wirklichkeit aber an einem tiefen und echten Kontakt vorbei agieren. Die vielen Gefühlsäußerungen und temperamentvollen Bewegungen in Mimik und Gestik wirken auf den Therapeuten zunehmend anstrengend.

Empathie zu zeigen wird schwieriger. Ungeduld und Langeweile beim Therapeuten (»Ach, schon wieder ...«) können dabei leicht zu Krisen führen.

Der Therapeut kann auch dazu verleitet werden, seinerseits immer wieder Neues und Überraschendes anzubieten, damit die lebendige und temperamentvolle Atmosphäre erhalten bleibt (»hysterische Flitterwochen«): Wenn es mit Focusing nicht weitergeht, bietet er eine Gestaltübung an, wenn das nicht geht, körpertherapeutische Experimente usw.

Damit gerät er leicht in Gefahr, zu glauben, er müsse tolle und intensive Sachen anbieten, damit es so lebendig und intensiv weitergeht wie bisher.

Nach Beendigung der Therapiestunde bleibt beim Therapeuten oft ein schales Gefühl zurück, wie wenn irgendetwas unwirklich und »zu viel« gewesen sei. Genau dieses Gefühl ist das Wichtige, das angesprochen werden sollte.

Hysterische Klienten kommen von sich aus selten auf die Idee, etwas zu wiederholen oder zu üben, sie wollen immer etwas Neues erleben. Als Therapeut ist es daher auch wichtig, den Wert des Wiederholens und des geduldigen Ausprobierens zu erklären.

Wenn in der Therapie das Machen, Ausagieren und das überschwengliche Fühlen irgendwann zum Stillstand kommt, entsteht eine (fruchtbare!) Krise mit Unsicherheit auf beiden Seiten. Jetzt erst können weichere, tiefere und ruhigere Herzschwingungen beginnen.

Der Therapeut sollte hierbei sehr langsam, sorgfältig und genau intervenieren, kongruente Ich-Einbringungen machen und viel Empathie zeigen. In den unsicheren, ruhigen Phasen der Therapieprozesses, auf die die Klientin sehr schnell nervös, ängstlich und unwillig reagiert, kann der Therapeut helfen, in direktem, weichem Kontakt »gemeinsam ins Sein hineinzuschmelzen«.

Therapieende:

Der Klient hat in einem stark über die Beziehung zum Therapeuten laufenden Prozess erfahren, dass auch kleine, weiche, zarte und liebevolle Gefühle zum Leben gehören und dass echte Kongruenz bedeutet, auch »alltäglich« sein zu dürfen, ohne an Wert zu verlieren. Emotionale Manipulation und Überaktivität sind jetzt in eine herzliche, temperamentvolle und sehr beziehungsfreudige Charaktereigenschaft transformiert worden. Auch wenn man sich gerade nicht besonders toll fühlt, kann man liebenswert und liebenswürdig sein, für sich selbst und für andere.

Der Klient ist selbstsicherer geworden und kann sich kongruent dem unmittelbar gegenwärtigen Strom seiner Erfahrung überlassen, ohne dauernd die Wirkung auf andere überprüfen und manipulativ testen zu müssen.

Reformierte Klientenhaltung: Ich warte, ich weiß nicht, ich zittere – also bin ich.

Körperarbeit:

Es geht um das in einem engen Brustkorb eingeschlossene Herz, das wie in einer Röhre (= rigide) gefangen ist. Eher weniger als mehr Körperarbeit anbieten, da der Klient lernen soll, achtsam und langsam wahrzunehmen. Keine »spektakulären« Experimente, auch wenn die Klientin dies gerne hätte (z. B: « Ich lege mich auf den Boden, und Sie (Therapeut) könnten sich doch auf mich drauflegen, dann könnte ich intensive Körper- und Abgrenzungserfahrungen machen!«). Stattdessen langsam und genau arbeiten, z. B: »Ich halte Ihren Kopf, fünf Minuten, und danach reden wir darüber, was Sie alles erlebt, gedacht und gefühlt haben – und ich sage Ihnen, wie es mir dabei ergangen ist.«

Therapeuten-Plus:

Langsam, sorgfältig und genau intervenieren. Akzeptierend und empathisch die Person des Klienten annehmen, ohne dass dafür viel getan werden muss. Wenn Krisen im Therapieprozess entstehen, kongruent, absichtslos und mit dem Herzen dableiben. Kleinen, weichen und zarten Empfindungen genügend Raum geben.

Einfach dasein, ohne sich anstrengen zu müssen. Wenn die Klientin/der Klient den Therapeuten fasziniert, dies offen ansprechen und die Wirkung ehrlich benennen, ohne sich »einfangen« zu lassen. Gefühle zulassen, aber nicht mit deren Dynamik mitgehen. Ein zuverlässiges und beständiges Gegenüber sein.

Therapeuten-Minus:

Ungeduldig oder gelangweilt werden. Zu viel Neues anbieten, um die dynamische und lebhafte Therapiesituation fortzuführen. Sich »hochloben« lassen und als »bester« Therapeut, den der Klient je hatte, eigene Selbstwertthemen kompensieren. Mit der Dynamik der Gefühle zu sehr mitgehen. Scheinbar cool bleiben und die Wirkung und Faszination der Klientin nicht offen benennen, sondern sich in der Therapeutenrolle verstecken. (Der Klient weiß eh um seine Wirkung und agiert nur umso geschickter auf Nebenbühnen.)

Therapeuten mit hysterischen Anteilen:

Therapeuten mit hysterischen Anteilen begeistern sich für vieles, auch für neue Therapiemethoden und Techniken. Sie sind lebensfroh und temperamentvoll, hochsensibel und beziehungssicher. Therapeuten mit hysterischen Anteilen können mit ihrer positiven Lebensbejahung Klienten besonders gut helfen, schwierige Lebenssituationen zu »reframen« und in ihnen eine jeweils einmalige und besondere Chance zu Reifung und Veränderung zu erkennen. Voll kreativer Kraft lassen sich solche Therapeuten auf die individuelle Persönlichkeit des Klienten ein. Ihre »engagierte Gelassenheit« (Teilhard de Chardin) wirkt ermutigend und hilft, die Angst vor Zwang, Festgelegtheit und Alltäglichkeit bei Klienten in Akzeptanz, Selbstbestimmung und Lebensbejahung zu transformieren.

Fähigkeiten und Stärken:

Ein sehr gesunder, transformierter Hysteriker hat die bedingungslose Liebe zu sich selbst entdeckt (in seinem Jargon: »die schönste Liebesgeschichte der Welt!«), er kann sich selbst und andere in ihren Schwächen und Stärken annehmen und anerkennen. Er ist nun fähig, sich verbindlich und tief einzulassen und ist voll kreativer Kraft und tiefem Optimismus. Sogar aus einer nächtlichen Autopanne im Regen macht ein solcher Mensch ein einmaliges Event.

Als in dem Film »Alexis Sorbas« zum Schluss die gesamte hölzerne Bergwerkskonstruktion zusammenbricht, und der Engländer damit pleite ist, lacht Sorbas: »Sag mal Boss, hast du schon jemals etwas so wunderschön zusammenstürzen sehen?« Und dann nimmt er den kühlen Briten bei der Hand und die beiden beginnen, Sirtaki zu tanzen.

4.4 Der leistungsorientiert-rigide Typus – der »phallische« Charakter

Entstehung:

Die leistungsorientiert-rigide Struktur entwickelt sich im Alter zwischen zwei und fünf Jahren. In dieser Zeit geht es um das Finden der eigenen Rolle nach außen und um die Fähigkeit, etwas zu tun, um damit Anerkennung und Sicherheit draußen in der Welt zu erhalten. Das Kind fühlt sich bereits in gewisser Weise autonom und sucht nun einen eigenständigen Platz zwischen Mutter und Vater. Es tastet sich mutig und risikobereit in die große weite Welt hinein, riskiert Abgrenzungskonflikte und lotet seine Möglichkeiten und Grenzen aus.

Elternhaltung:

Die Eltern waren bisher liebevoll und akzeptierend, aber ungefähr im Alter von drei Jahren, wenn das Kind seine Umwelt aktiv zu erforschen beginnt, ändert sich diese Beziehung. Die Eltern werden nun weniger herzlich und sind zunehmend enttäuscht über ihr Kind. Die Eltern wollen mehr, als das Kind geben kann, ihre elterliche Botschaft lautet: »Du musst dich mehr anstrengen, du könntest das besser, du schöpfst deine Fähigkeiten nicht aus.« Solche Botschaften können auch indirekt vermittelt werden, indem die Eltern kein Interesse am Kind zeigen und es sogar ignorieren, solange, bis das Kind auf dem Gebiet Gutes leistet, das Vater (Mutter) für wichtig befinden. Die zarten und verletzbaren Gefühle des Kindes im Beziehungsbereich werden von den Eltern zu wenig beachtet.

Auf Gebieten, wo das Kind schon etwas kann, wird das Kind nicht unterstützt und allein gelassen.

Antwort des Kindes:

Das Kind fühlt, dass es nicht so akzeptiert wird, wie es ist und dass es viel leisten muss, um Zustimmung und Anerkennung der Eltern zu erringen. Es muss viel zu früh »erwachsen« sein, lange bevor es seine Kindheit stimmig abgeschlossen hat.

Innerlich reagiert das Kind auf die Abweisung des Vaters/der Mutter mit Versteifung. Es wird misstrauisch und hemmt seine Spontaneität. Diese Abwehrreaktion soll verhindern, was ihm Schmerz und Ablehnung gebracht hat – nämlich Äußerungen der Zärtlichkeit und Liebe, das Zeigen weicher Herzgefühle. Der Rigide fürchtet sich, seinen Herzgefühlen nachzugeben, er schützt sein Herz gegen Hingabe und Weichheit und hat dennoch eine tiefe Sehnsucht danach, zärtlich zu lieben und diese Liebe auch von den Bezugspersonen erwidert zu bekommen.

Den Rest seiner Kindheit – und möglicherweise auch seines Erwachsenenlebens – verbringt er in dem Versuch, tapfer die Erwartungen des Vaters/der Mutter zu erfüllen. Er nimmt sich fest vor, nicht nachzugeben, sich anzustrengen und stets wachsam zu bleiben, um sein Herz vor Verletzungen zu schützen.

Existenzielle Anschauung:

Ich werde geliebt, wenn ich etwas leiste. Ich muss mich mehr anstrengen, ich könnte das noch besser machen. Wenn ich mehr tue und wenn ich es gut mache, wenn ich stark bin und nicht weine, dann werde ich gut genug und liebenswert sein.

Wenn ich meine zarten Gefühle nicht zeige, dann werde ich mir nicht wehtun/können mich andere nicht verletzen.

Innere Welt:

Stark rigide Leistungsmenschen schaffen es kaum, jemals »gut genug« zu sein. Denn mit steigendem Kompetenzniveau steigen die Verantwortlichkeiten und die Erwartungen der anderen. Ein rigider Charaktertypus funktioniert fortwährend an der Grenze seiner Fähigkeiten und seiner Belastbarkeit. Einfach glücklich zu sein und Freude zu erfahren, ist hierbei nur sehr eingeschränkt möglich. Denn Freude wird mit Leistung assoziiert anstatt mit einem tiefen, guten Lebensgrundgefühl (so wie ich bin, bin ich okay). Die allzeit bereite, wachsame Einstellung hilft, ein starkes (aber sehr verletzliches) Selbstwertgefühl aufrechtzuerhalten. Dieses bricht nicht so leicht zusammen wie bei stark oralen Menschen oder hemmt oder hält alles in sich wie bei stark masochistischen Menschen. Vielmehr wacht es einfach über das Herz, bleibt misstrauisch vor äußeren Gefahren und hält den Ausdruck von weichen Gefühlen zurück.

Denn Loslassen ist in zweifacher Weise bedrohlich: Zum einen empfindet ein rigide strukturierter Mensch eine starke Furcht davor, dass er, wenn er seine unsicheren und verletzlichen Seiten preisgibt, ausgenutzt und abgelehnt wird. Zum anderen bedeutet ein weiches Loslassen auch eine Niederlage seines Ichs und seines Stolzes. Daher wird eine leistungsorientiert-rigide Person rational und sehr logisch argumentieren und sehr ernsthaft und energetisch kontrolliert reagieren, um sich gegen die als Schwäche empfundene Weichheit und Nachgiebigkeit zu schützen.

Rigide halten hartnäckig an dem Glauben fest, dass sie perfekt sein müssen, um Zuneigung zu erhalten. Der große Wunsch nach Erfolg und Anerkennung seiner Leistungen motiviert einen solchen Typus zu hoher Produktivität und Zielorientierung. Doch anstatt seinen Gefühlen zu trauen und sich von ihnen leiten zu lassen, beschäftigt er sich mit Fakten, Regeln und Details. Sein Fokus verengt sich, wenn er immer stärker leistungsorientiert wird. Dabei hat er kein Vertrauen auf natürliche Wachstumsprozesse.

Gestörte Rigide machen kaum eine Atempause und können kaum Befriedigung nach getaner Arbeit erleben. Denn es ist für sie nicht möglich, »zu sein« und nichts zu tun. Ganz gleich, wie viel sie erreicht haben – es ist nicht genug. Anstatt sich zu entspannen und zu entdecken, was sie wirklich brauchen, nehmen sie Zuflucht im Handeln. Aber dieses Handeln befriedigt nicht, denn es ist nicht so sehr aus organismischen Bedürfnissen entstanden, sondern aus dem Wunsch, sich zu beweisen.

Als Erwachsene suchen sich stark rigide Personen oft einen Chef, einen Vorgesetzten oder einen Partner, den sie fortwährend erfreuen und Gutes tun wollen. Da sie durch diese dauernde Anspannung leicht unter Stress geraten, wird ihre Strategie allmählich deutlicher: Nach einem Streit mit dem Partner/der Partnerin wird ein stark rigide strukturierter Mensch eine Nachtschicht im Büro einlegen. Denn Passivität bedeutet Verletztlichkeit und aktives Handeln bewahrt ihn davor, sich verletzt oder weich zu fühlen.

Kontakt und Beziehung:

Rigide sind mehr als jeder andere Typ in der Lage, enge Beziehungen einzugehen.

Aber bei aller Intimität werden sanfte und zarte Gefühle nur sehr bedeckt zugelassen und vermittelt. Rigide Partner schätzen gleichberechtigte Beziehungen, manipulieren nicht und wollen auch nicht »überlegen« sein. Da aber Unsicherheit darüber besteht, die eigenen Bedürfnisse und Verletzlichkeiten auszudrücken, »manövriert« ein rigider Partner, um näherzukommen. Er neigt zu Indirektheit und wappnet sich gegen ein unbeabsichtigtes Nachgeben seinerseits. Rigide Menschen können sehr starke Bindungen an andere Menschen und Dinge entwickeln. Aber weil ein solcher Mensch nicht daran gewöhnt ist, nur für sein Selbstsein geliebt zu werden, glaubt er fortwährend, dass er sich Liebe durch Leistung verdienen muss, und hat Probleme, sich einfach zuzugestehen, dass er um seiner selbst willen geliebt werden könnte.

Rigide sind voller Energie und haben Freude am Sex und an sinnlichen Genüssen. Es kann aber Schwierigkeiten geben, Liebe und Sex zu integrieren, da diese Integration unbewusst als Nachgeben empfunden wird. Wiederum hindert eine starke Angst, das Herz zu öffnen. Sexuelle Aktivität brauchen sie, weil sie viel Bestätigung und Zuwendung in Beziehungen suchen. Dabei erleiden sie aber immer wieder Enttäuschungen. Für einen Rigiden ist es daher wichtig, anzuerkennen, dass seine Frustration auch mit ihm selbst zu tun hat und nicht so sehr von den äußeren Gegebenheiten abhängig ist.

In Krisen fühlen sich rigide Partner sehr schnell gefordert und infrage gestellt. Dahinter verbirgt sich ein tief sitzender Widerwille, dauernd die Erwartungen anderer erfüllen zu müssen und niemals Liebe oder Anerkennung um seiner selbst willen zu erhalten. Ärger äußert ein Rigider meist jedoch nicht direkt, sondern indirekt durch die Art seines Sprechens und seines nonverbalen Verhaltens. Rigide sind Meister der Defensiv-Verteidigung und können »vorbeugend« aggressiv reagieren, indem sie die Kritik der anderen immer schon vorwegnehmen und deren mögliche Reaktionen mitbedenken.

Lassen sich offene Konfliktsituationen nicht mehr vermeiden, können diese immer noch uminterpretiert werden als Herausforderung an die eigene Leistungsfähigkeit, indem man noch geschickter, eloquenter und ausdauernder argumentiert. Rigide verteidigen in Konfliktsituationen häufig ihr Recht auf autonome Eigenständigkeit. Mit einer oralen Grundstruktur wird der autonome Erwachsenenstatus tapfer-trotzig eingeklagt. Mit einer psychopathischen Färbung kommt es zu einem vehementen Verteidigen der eigenen Grenzen, und mit starker Maso-Färbung wird der eigene Standpunkt beharrlich und leidend so lange wiederholt, bis sich der Partner schuldig fühlt und mit hilfloser Wut im Bauch aufgibt.

Körperliche Kennzeichen:
Rigide Menschen sind meist wohlproportioniert und für das andere Geschlecht sehr attraktiv. Der Körper steht unter einer permanenten leichten Spannung, wodurch die Gefühle unter Kontrolle gehalten werden. Der Körper ist leicht nach hinten überspannt, wie wenn er sich für Anforderungen bereit halten müsste. Diese allzeit bereite angespannte Grundhaltung verleiht dem Körper einen Ausdruck von Bereitschaft und Kompetenz. Energetisch ist er hochgeladen, aber die Energie kann nicht frei und spontan fließen. In den Unterarmen und

Händen ist viel Energie, immer bereit, was zu tun oder gestisch zu artikulieren.

Der Kopf hebt sich stolz. Die Schultern sind zurück- und manchmal etwas hochgezogen. Die Brust ist nach vorn gestreckt und repräsentiert Stolz und Stärke nach außen, aber auch ein Zurückhalten von Sehnsucht und Zärtlichkeit. Der Rücken eines stark Rigiden ist oft sehr gespannt und gebogen. Insgesamt sieht der Körper so aus, als sei er in einer »Hab-acht-Stellung«. Er vermittelt Energie, Kompetenz und Bereitschaft und reflektiert damit eine eifrige und gespannte Einstellung zum Leben.

Therapiebeginn:

Rigide Klienten kommen aufrecht und gerade zum Erstgespräch. Nach einem sicher und kompetent geführten Begrüßungs-Smalltalk betonen sie, dass sie ihr Leben gut bewältigen – nur im Leistungsbereich möchten sie etwas noch besser machen. Die Arbeit und/oder die Beziehung zu anderen wird oft als anstrengend und erschöpfend erlebt. Sie wollen mit dem Therapeuten schnell und kompetent ihr Problem analysieren, bieten viel an und sind – ähnlich wie hysterische Klienten – oft »gute«, gelehrige Klienten. Sie begreifen schnell, was der Therapeut beabsichtigt und versuchen durch Fleiß, Genauigkeit und aktive Leistungsbereitschaft möglichst perfekt ihre Probleme anzugehen. Von der Therapie erhoffen sie sich, dass ihr bisheriges Verhalten noch erfolgreicher werden kann. Sie sind bereit, sich noch mehr anzustrengen, denn dann müsste ja alles wieder gut werden, wieder klappen.

Therapieverlauf:

Der Therapeut muss viel Akzeptanz und Geduld zeigen. Kompetent abwarten, bis das rasche Tempo und die oft gut durchanalysierten Schilderungen des Klienten etwas nachlassen. Geduldig spiegeln und weich und mit vollem Herzen dabei sein. Den Schwerpunkt nicht auf Lösungen legen, sondern auf die Frage, wie es dem Klienten bei dem Ganzen eigentlich wirklich geht. Immer wieder Focusing-Interventionen in Richtung Achtsamkeit, Freiraum und Felt sense anbieten, auch wenn der Klient anfangs damit Schwierigkeiten hat. Geduldig erklären, dass der Klient es nicht so ganz detailliert schildern muss, dass es auch okay ist, wenn etwas unklar ist. Innerlich parat sein, das Ruhige, die Pausen zu halten. Betonen, dass der Wert einer Person nicht davon abhängt, ob sie etwas sehr gut kann oder nicht.

Das typisch klientenzentrierte Vorgehen ist für stark rigide Klienten am Anfang relativ schwierig, da es das Gegenteil ihrer eigenen Welt zu sein scheint. Daher ist viel Kontakt, ehrliche Beziehung und Zeit notwendig, bis der Klient mithilfe der Focusing-Schritte auf das hören kann, was zwischen den Zeilen geschieht.

Wenn das Machen und Funktionieren »zusammenbricht«, kommt der Klient mit seinen unteren Strukturen – mit dem oralen, schizoiden oder narzisstischen Lebensgrund in starken Kontakt. In dieser oft mit Trauer und Schmerz verbundenen tiefen Erfahrung muss der Therapeut ganz echt und mitfühlend mit dem Klienten zusammen dableiben. In diesen »Herzschwingungen« zeigt sich die ganze Weichheit und Verletzlichkeit des Klienten.

Wenn es dem Therapeuten gelingt, ganz kongruent, wertschätzend und anteilnehmend dazubleiben, ohne therapeutische Floskeln zu verwenden oder unsicher und hilflos zu werden, dann kann der Klient korrigierend erleben, dass auch Verzweiflung, Verletzlichkeit und Weichheit wichtige Gefühle sind, die man zeigen darf und sollte, um echte, tiefe und stimmige Beziehungen einzugehen.

Therapieende:
Die Klientin hat in einem stark über die Beziehung zum Therapeuten laufenden Prozess erfahren, dass auch kleine, weiche und unsichere Gefühle zum Leben gehören dürfen. Wenn man seine eigenen Schwächen und Verletztheiten zugibt, kann man sich gerade deswegen okay fühlen. Die Verringerung der überwachsamen Anspannung erlaubt nun mehr Weichheit und das Zeigen zarter Gefühle. Diese neue Offenheit führt zu einer Erhöhung der Selbstsicherheit und zu ei-

nem vertrauensvollen Zulassen von unmittelbarer und echter gegenwärtiger Erfahrung. Ein solcher Mensch ist nun noch liebenswerter und liebenswürdiger geworden, da er nicht mehr dauernd seine Wirkung auf andere überprüfen und manipulativ testen muss und eine echte Weichheit, Tiefe und Kongruenz ausstrahlt.

Körperarbeit:

Eher weniger als zu viel Körperarbeit anbieten. Der Klient soll lernen, achtsam und langsam wahrzunehmen. Jede Form von echter Berührung (keine Techniken!) kann dem Klienten helfen, mit seinen weichen und zarten Empfindungen sensibel in Kontakt zu kommen. Abnehmen von Spannungen und Unterstützen sowie Vertrauensübungen, z. B. Anlehnen und Halten können zu tieferen Erfahrungen führen. Auch intuitive Bewegungsimpulse im Stehen (den Körper bewegen lassen, wie immer er will) können gut sein, wenn der Klient bereit ist, sich nicht bloß intellektuell darauf einzulassen. Gut sind alle Kontaktübungen, die in Richtung »einfach dasein« gehen, ohne dass der Klient sich anstrengen oder etwas leisten muss.

Therapeuten-Plus:

Langsam vorgehen, alles genau erklären. Sich geduldig und kompetent für die Problemanalysen des Klienten interessieren. Darüber reden und langsam Kontakt finden. Dabei immer mit dem Herzen dabei sein. Ein Weniger und Langsamer ermöglichen, viele Befindlichkeits- und Achtsamkeitsfragen zu stellen, die Zeit zu verlangsamen und achtsam zu »dehnen«. Innerlich parat sein für Pausen, dann sehr empathisch Bestätigung geben und jedes Anzeichen von Weichheit und Zartheit bestätigend zurückspiegeln.

Therapeuten-Minus:

Ungeduldig werden, unter Leistungsdruck kommen, über die »Leistungsschiene« dem Klienten Entwicklungsschritte vorgeben, mit ihm Lösungen entwickeln. Das Tüchtigsein-Wollen ausreden, den Klienten unterbrechen und Stoppen – dies alles verstärkt nur den rigiden Kreislauf. Zu viel Kompetentes anbieten, um den Klienten zu beeindrucken.

Therapeuten mit rigiden Anteilen:

Sie sind hochkompetent, sehr ernsthaft und verantwortungsbewusst. Sie arbeiten gut und effektiv, denken viel nach und haben ein genaues Gespür für Unstimmigkeiten, die verändert und korrigiert werden sollten. Solche Therapeuten haben eine hohe Ethik und Arbeitsmoral – sie bereiten sich gründlich vor und werten nach einer Therapiestunde diese schriftlich detailliert aus, um zu neuen kompetenten Arbeitsschritten zu gelangen.

Schwierig ist es für rigide Therapeuten, den Schritt in die Selbstständigkeit zu wagen – sie wollen für andere (den »Vater«) tüchtig bleiben.

Fähigkeiten und Stärken:

Ein sehr gesunder, transformierter Rigider ist unternehmungslustig, hoch kompetent und erfolgreich. Mit immer noch überdurchschnittlicher Leistungsbetonung geht ein solcher Mensch sehr verantwortungsbewusst um und arbeitet schnell, präzise und effektiv.

Gesunde Rigide haben eine hohe Eigenmotivation, wobei sie sich fair und klar an abgemachte Spielregeln halten. Andere finden einen solchen Menschen energetisierend, stimulierend und anregend, auch wenn man sich manchmal von diesem Typus gefordert und überfordert fühlen mag.

Gesunde Rigide sind sehr ausdauernd, wettbewerbs- und realitätsorientiert. Sie haben in der Gesellschaft erfolgreich ihren Platz gefunden und werden als wertvolle und verantwortungsbewusste Bürger geachtet und geschätzt. Neben ihrer hohen Motivation und tiefen Ernsthaftigkeit haben sie nun auch zu ihrem Gegenpol Kontakt gefunden: zur spielerischen Leichtigkeit des Seins. Und sie sind sich ihrer Einmaligkeit und ihres persönlichen Wertes bewusst, auch wenn etwas mal nicht so klappt, wie es ihrer Meinung nach sein sollte.

5 Literaturverzeichnis

Asper, K.: Verlassenheit und Selbstentfremdung, dtv, München, 1993

Bäurle, R.: Körpertypen – Vom Typentrauma zum Traumtypen, Simon + Leutner, Berlin 1988

Collignon, G.: Wie sag ich's am besten? Prozess-Kommunikation, Jengen 1997.

Dychtwald, K.: Körperbewusstsein, Synthesis-Verlag, Essen, 1981

Gendlin, E.T.: Focusing. Technik der Selbsthilfe bei der Lösung persönlicher Probleme, Rowohlt, Hamburg 1998 (1. Auflage 1981)

Gendlin, E. T./Wiltschko, J.: Focusing in der Praxis, Klett-Cotta, Stuttgart 1999

Gneist, J.: Wenn Hass und Liebe sich umarmen – Das Borderline-Syndrom, Serie Piper, 1997

Kreisman, J.: Ich hasse dich – verlaß' mich nicht. Die schwarzweiße Welt der Borderline-Persönlichkeit, Kösel- Verlag München, 1992

Kurtz, R.: Körperzentrierte Psychotherapie, Synthesis-Verlag, Essen, 1985

Lowen, A.: Depression – Ursache und Weg der Heilung, Goldmann-Verlag, 1991

Lowen, A: Körperausdruck und Persönlichkeit, Kösel-Verlag, München, 1981

Lowen, A.: Narzissmus – Die Verleugnung des wahren Selbst, Goldmann-Verlag

Onken, J.: Vatermänner, Beck'sche Reihe, 1994

Reich, W.: Charakteranalyse, Kiepenheuer & Witsch, Köln, 1989 (orig: 1933)

Riemann, F.: Grundformen der Angst. 1960

Riso. D. R.: Die neun Persönlichkeitstypen des Enneagramms

Das Enneagrammbuch, beide erschienen als Taschenbücher im Knaur-Verlag

Schulz von Thun, F., Thomann, C.: Klärungshilfe, Handbuch für Therapeuten, Gesprächshelfer und Moderatoren in schwierigen Gesprächen, Reinbek bei Hamburg 1988.

Stumm, Gerhard/Wiltschko, Johannes/Keil, Wolfgang: Grundbegriffe der Personzentrierten und Focusing-orientierten Psychotherapie und Beratung, Pfeiffer bei Klett-Cotta, Stuttgart, 2003

Weiser-Cornell, A.: Der Stimme des Körpers folgen, Rowohlt Taschenbuch Verlag, Reinbeck bei Hamburg, 1997

6 Anhang: Kurzdarstellung unterschiedlicher Persönlichkeitstypologien

Einleitung:

Das Bestreben, mithilfe von Typologien die »Seele«, den Charakter und die Persönlichkeit der Menschen zu ergründen, ist fast so alt wie die Menschheit selbst. Der starke Wunsch, das eigene Verhalten ebenso wie das Verhalten der Anderen zu verstehen und damit zwischenmenschliche Beziehungen erfolgreicher und glücklicher zu gestalten, zeigt sich bereits in Typenlehren der Babylonier und Sumerer (vermuteter Ursprung der Enneagramm-Typologie, siehe Seite 100).

Die Kenntnis verschiedener Typenlehren verweist zugleich darauf, dass bei jeder Typisierung stark vereinfacht und systematisiert wird. Im Grunde müsste es so viele Charaktertypen geben, wie es Menschen gibt. Für jede Typologie – wie für jede theoretische Erklärung – gilt: Sie muss relativ einfach sein und dennoch einen hohen Erklärungswert aufweisen.

Was die von mir ausführlich dargestellte Charaktertypologie (Seite 1 bis 96) für heutige Therapeuten, Sozialarbeiter, Angehörige helfender Berufe und für Führungskräfte so interessant macht, ist die Darstellung der typischen Entstehungsgeschichte von Störungen, dann deren Transformierung durch therapeutisches Verhalten in einen Charakterzug mit positiven Eigenschaften und schließlich die – bisher in keiner Literatur zu findende – genau ausgeführte Umgangs- und Verhaltensempfehlung für Therapeuten.

Charakterlehren und Persönlichkeitstypologien hat es zu allen Zeiten gegeben – einige wichtige sind deshalb im Anhang in Kürze zusammengefasst. Denn ein Wissen um die Entwicklungsgeschichte menschlicher Klassifikationen schärft die Sinne dafür, immerwährend offen zu bleiben für die Orakel-Inschrift von Delphi: »Mensch, erkenne dich selbst«.

Die im Folgenden kurz dargestellten Typologien lassen sich

auch nur bedingt ineinander überführen. Denn jede hat ihre Einmaligkeit und ihre eigene Logik. Dieses Wissen kann helfen, eigenes Schubladendenken zu relativieren und respektvoll und akzeptierend mit menschlichen Eigenarten umzugehen.

6.1 Die Temperamentenlehre von Galen

Zur Zeit des Hippokrates wurde von dem Arzt und Wissenschaftler Galen die so genannte Temperamentenlehre entwickelt. Sie stammt aus dem 5. Jahrhundert vor Christi Geburt und beschreibt vier Typen, Temperamentstypen wohlgemerkt, die sich von der antiken Säftelehre ableiten.

Galen definiert damit folgende Typologie:

- den Sanguiniker,
  den blutvollen, den geselligen Lebenskünstler, voller Tatendrang und voller Exzesse,
- den Melancholiker,
  von melas cholos, die schwarze Galle, der griesgrämig, ungesellig und leicht erregbar ist. Galen hat ihm auch einen mageren Körper zugesprochen, er neigt zu Verdrängung und Komplexen, zum Brüten und hat Schwierigkeiten im Umgang mit anderen,
- den Choleriker,
  der aus dem reinen Cholos, der Galle, besteht; er ist äußerst empfindlich, aggressiv, aber auch wagemutig und kühn,
- den Phlegmatiker,
  von Phlegma, die Faulheit, die Ruhe und Passivität, den Kaltblütigen. Er sieht nach Galen oft dick aus, er handelt langsam und bedächtig, manchmal mit einem Hang zur Wehleidigkeit.

6.2 Das Enneagramm

Es hat im Laufe der über zweitausendjährigen abendländischen, aber auch in der fernöstlichen Geschichte unterschiedlichste Persönlichkeitstypologien gegeben. Eine bedeutende und heute wiederentdeckte ist die persische Charakterologie des Enneagramms, die Lehre von neun charakterologischen Hauptpersönlichkeiten. Der Ursprung des Enneagramms (von griechisch ennea = neun, Lehre von der Neunheit) kann nicht genau festgelegt werden. Manche Autoren vertreten die Auffassung, dass das Enneagramm bereits als Geheimlehre der sumerischen und babylonischen Priester in der Beratung angewendet wurde. Von den Sufis, einer spirituellen Glaubenslehre des Islam, wurde das Enneagramm im 10. und 11. Jahrhundert weiter ausgearbeitet und durch Moslems im 14. und 15. Jahrhundert mit anderem griechischen und arabischen Wissen in den Westen gebracht.

Beim Enneagramm gehen aus drei Grundtypen neun Persönlichkeitstypen hervor; sie werden in drei Gruppen, die Triaden eingeteilt. Die drei Triaden des Enneagramms beschreiben, ob die psychologische Grundorientierung eines Menschen, zu der positive wie negative Züge gehören, mehr zu den Gefühlen tendiert (Gefühlstriade), mehr mit dem Handeln zu tun hat (Tat-Triade) oder damit, in welcher Beziehung der einzelne zur Welt steht (Beziehungstriade).

In der Gefühlstriade findet man

- den Helfer (Typ 2), der entgegenkommende, fürsorgliche, großmütige besitzergreifende, aber auch manipulierende Typus,
- den Statusmenschen (Typ 3), der selbstsichere, ehrgeizige, pragmatische, narzistische Typus und
- den Künstler (Typ 4), den sensiblen, schöpferischen, intuitiven introvertierten, eher depressiven Typus.

Die Handlungstriade umfasst

- den Denker (Typ 5), den wahrnehmenden, scharfsinnigen, analytischen, exzentrisch, paranoiden Typus,
- den Loyalen (Typ 6), den verbindlichen, engagierten, pflichtbewussten, abhängigen, passiv aggressiven Typus,
- den vielseitigen (Typ 7), den weltklugen, vielseitigen, anspruchsvollen, hyperaktiven, exzessiven und zum Teil auch manischen Typus

In der Beziehungstriade sehen wir

- den Führer (Typ 8), den selbstbewussten, durchsetzungsstarken, kämpferischen, eigenwilligen und destruktiven Typ,
- den friedliebenden (Typ 9), den empfänglichen, unbekümmerten, nachlässigen, friedfertigen, anpassungsfähigen, passiv-gleichmütigen Typ und
- den Reformer (Typ 1), den prinzipientreuen, ordentlichen, rationalen, perfektionistischen und strengen Typ.

Ein Bild der Charakterstruktur einer Persönlichkeit im Enneagramm entsteht durch die Identifikation des Grundtypus und eines der beiden Typen, die ihm im Enneagramm am nächsten liegen, dem so genannten Tendenztyp. Der Basistyp beherrscht die Gesamtpersönlichkeit, während der Tendenztyp diesen ergänzt und wichtige, manchmal widersprüchliche Elemente mit ins Spiel bringt. Gleichzeitig ermöglicht das Enneagramm durch die gewählte Anordnung der Typen für die jeweilige Persönlichkeit, spezifische Entwicklungsaufgaben zu definieren und zu realisieren.

6.3 Körperbau und Charakter

1921, in dem gleichen Jahr als C. G. Jung seine Typenlehre veröffentlichte, hat der Tübinger Anatom und Pathologe Kretschmer sein berühmtes Werk »Körperbau und Charakter« vorgelegt. Bei der Konstitutionslehre wird aus dem physischen Körperbau die Persönlichkeitsstruktur abgeleitet.

Bekannt sind hier die Typen

- Athletiker, als der kraftvolle, überdurchschnittlich große, muskulär entwickelte Typus,
- Astheniker, vom griechischen asthenos, der Schwache, der körperlich magere, Finger spitzig, Bauch flach, Knochenbau schwach, das Gesicht bleich, der magere Typus.
- Pygniker, von griechisch, pygnos, breit, rund, ein schwerfälliger, aber meist freundlicher Typ, man könnte sagen, eine Mischung aus Phlegmatiker und Sanguiniker.

Die Wissenschaft steht heute der Ableitung von Charaktereigenschaften aus dem Körperbau kritisch gegenüber.

6.4 C. G. Jungs Typologie

Im gleichen Jahr wie Kretschmer, 1921, hat C. G. Jung in seiner »Psychologie der Typen« eine tiefenpsychologische Charakterologie entwickelt. Von ihm stammt die Typologie des Extrovertierten und des Introvertierten. Der Extrovertierte ist weltfreundlich, weltverliebt, verschwendet sich – äußerst aufnahmefähig – nach außen und ist dem Äußeren zugewandt, kontaktfreudig, voller Weltdurst und Welthunger. Der Introvertierte hat seine Reichtümer und Schätze im Inneren, ist eher grüblerisch und versonnen, voller Konzentration und Kontemplation und im problematischen Kontakt eher schwach, ungesellig, wenig zugewandt, aber voll großer, meditativer Konzentriertheit. C. G. Jung und die Jungianer können mit dieser sehr ausgefeilten Typologie sehr gründlich arbeiten, und es gibt dazu noch sehr viele Untertypen, den rationalen und den intuitiven Typus, mit dem man tief in das Wesen des Menschen Einsicht erhalten kann.

6.5 Fritz Riemanns Grundformen der Angst

Verbreitet ist auch die 1960 von dem deutschen Psychiater und Therapeuten Fritz Riemann entwickelte Typologie. Riemann hat in seinem Buch »Grundformen der Angst« eine Charakterologie auf der Basis von Krankheitsbildern der Psychiatrie geschaffen – ausgehend von dem zentralen Motiv der menschlichen Angst. Das Buch ist 1960 zum ersten Mal erschienen und hat heute eine Auflage von über 500 000 Exemplaren.

Riemanns These ist, dass Angst aus unserem Leben nicht wegzudenken sei. Er sagt, es bleibe eine unserer Illusionen, ein Leben ohne Angst führen zu können; Angst gehört zu unserer Existenz und ist eine Spiegelung unserer Abhängigkeiten und des Wissens um unsere Sterblichkeit. Er steht damit in deutlichem Kontrast zu Descartes, der behauptet, wir werden durch Fortschritt die Angst besiegen und den Tod, wenn nicht ausmerzen, so doch unwesentlicher machen können.

Riemann betont, es sei eine Illusion zu meinen, dass der Fortschritt uns unsere Ängste nehmen werde, manche gewiss, aber er wird auch neue Ängste zur Folge haben. Das sei die Dialektik, der Schatten der Aufklärung. Das spreche nicht gegen die Aufklärung, aber wir müssen diesen Schatten sehen. Und er sagt, jeder von uns erlebt seine individuelle Angst und diese individuelle Angst wird sich auch in seiner Charakterbildung niederschlagen.

Angst kann uns aktiv machen, sie hat biologische Schutzfunktion, sie warnt uns, sie macht uns auf Gefahren aufmerksam, sie kann uns aber auch lähmen. Die entscheidende Frage menschlicher Charakterbildung – und das beschwört Riemann in immer neuen Bildern – ist es, ob wir die Angst verdrängen, uns von der Angst neurotische Muster der Charakterbildung aufdrängen lassen oder ob wir in immer neuen Anläufen gegen die Angst und in die Angst hinein, die Angst als einen Teil unseres Lebens akzeptieren lernen und an ihr reifen.

Entwicklung und Reifen hat nach Riemann stets zu tun mit Angstüberwindung. Jedes Alter hat seine ihm entsprechenden Ängste. Himmel und Hölle sind nicht außer uns, wir tragen, um einen Drewermannschen Gedanken aufzugreifen, von beidem ein Stück in uns.

Was bedeutet es nun, in der Charakterbildung auf Angst zu stoßen?

Das Kleinkind erlebt schon früh, eigentlich schon in den ersten Lebensmonaten Angst. Es reicht, dass die Mutter oder der Vater das Kind einige Minuten im Bettchen allein liegen lassen – schon kann das Kind abgrundtiefe Angst erleben. Kindsein heißt, sich laufend in neue Situationen der Angst hineinzubegeben, sich zu entfernen aus dem schützenden Bereich der Eltern, in die Pubertät kommen, Kontakt mit dem anderen Geschlecht aufnehmen. Schule wird häufig als eine massive Angstschule erlebt, Ausbildung, Beruf, Beziehung sind mit vielen Ängsten besetzt, das Alter und natürlich der Tod. Menschsein, heißt Angst zu haben, aber all diese Ängste gehören organisch zu unserem Leben.

Vier Möglichkeiten des Umgangs mit der Angst

Als Kind haben wir – so Riemann – vier Möglichkeiten, vier Optionen, auf Ängste zu reagieren. Und diese vier Möglichkeiten entsprechen den vier zentralen Kräften unseres Weltsystems.

Wir können ein schizoider Charakter werden (entsprechend der kosmischen Kraft der Erde, die sich um sich selbst dreht), ein depressiver Charakter (entsprechend der heliozentrischen Kraft, des sich Drehens der Erde um die Sonne), ein zwanghafter Charakter (entsprechend der Zentripedalkraft, der Kraft der Erdanziehung) oder ein hysterischer Charakter (entsprechend der Zentrifugalkraft)

Die Riemannsche Typologie

Nach Riemann kann sich ein Mensch als schizoider, depressiver, zwanghafter oder hysterischer Grundtypus entwickeln.

Riemann möchte diese Begriffe in seinen Ausführungen nicht denunzierend, sondern akzeptierend und liebevoll verstanden wissen. Er sagt, im Extremfall wird ein schizoider Mensch ein schizophrener Mensch, in der depressiven Zuspitzung wird ein depressiver Grundtypus natürlich der Mensch der Depression und der Zwanghafte ein Zwangsneurotiker, der Hysteriker ein klinischer Zwangshysteriker, das aber ist die äußerste Ausformung.

Dennoch ist jeder von uns durch diese Grundängste geformt worden und dadurch, wie er die Grundformen der Angst in seiner Familie erlebt hat, wie sie im vorgelebt und wie sie »gelöst« wurden.

Der Schizoide

Schizoid kommt vom altgriechischen »schizein« und bedeutet »abspalten«. Das heißt, ein Kind verfügt sehr wohl über ein reiches Instrumentarium der Gefühle, aber aus den Besonderheiten seines Familiensystems heraus muss es lernen, diese Gefühle zu verbergen und zu verstecken.

Der Schizoide hat die Grundformel »ich bin, weil ich mich nicht hingebe«, »ich bin, weil ich dicke Burgmauern des Misstrauens und der Sicherung um mich herum errichte«. Man zeigt keine Gefühle, »reißt sich zusammen« – »ein richtiger Junge weint nicht!«.

Igelstacheln – Ambivalenz – nichts an sich heranlassen, das ist die Lebenshaltung, die den Schizoiden prägt. – Sie wird »bezahlt« damit, dass er auch nichts bekommt. Die Urangst des Schizoiden ist: »Ich bin nicht liebenswert.« Abgrenzung erfolgt als Selbstschutz, getragen durch die Angst vor Hingabe und Annäherung, keiner darf in die Festung eindringen. Das Ziel sind Unabhängigkeit und Autarkie. Schizoide sind oft überdurchschnittlich intelligent und kompetent und geben ihr Inneres nicht preis, wohl sie die Tragödie spüren, die damit verbunden ist. »Man kommt an den Kerl nicht ran« – so lautet manches Mal das Urteil der anderen, denn der Schizoide erzeugt Unsicherheit – er kennt kein Mittelgefühl, ist kontaktkarg und braucht ein Thema. Schwierigkeiten hat der Schizoide zum Teil mit der Sexualität, denn sein Lebensmotto ist, immer die Kontrolle zu behalten. Der Schizoide weicht der Geselligkeit eher aus, er schlägt sich wie ein Werwolf durch die Welt. In der Aggression ist er stark bis überstark, hat wenig Empathie, neigt zu unkontrollierter Aggression und provoziert, um den anderen und sich zu fühlen (problematische Form der Kontaktaufnahme). Er kann dabei voller Zynismus und beißender Ironie sein. Er überzeugt durch Leistung, Stärke, hohe Kompetenz und man kann auf ihn bauen. Eine Stärke, die man vom ihm lernen kann, ist seine Fähigkeit sich abzugrenzen. Sein Lebens-Lernziel ist: sich zu öffnen und Gefühle zu lernen. (Psychosomatische Reaktionen: Haut.)

Der Depressive

»Ich bin, weil ich helfe« – ist das Motto des Depressiven. Als

Kind wurde er nur geliebt, wenn er half, andere unterstützte. Er erlebt sich in der Familie als Last. Daher tut er alles, um geliebt und gebraucht zu werden. Seine Erfahrung ist: »Ich werde nur geliebt, wenn ich etwas tue (nicht nur einfach so).« Der Depressive hat Angst vor der Selbstwerdung, vor der Abgrenzung. Häufig besteht eine quälende Kluft zwischen »ich« und »du«, gepaart mit einer Sehnsucht nach Symbiose. Der Depressive neigt zu regressiven Tendenzen, sehnt sich zurück in die Urbindung. »Keiner liebt mich« – ist eine häufige Wahrnehmung, »wenn ich nicht ackere, bin ich vergessen«. Der Depressive ist beherrscht von der Angst vor der Distanz, daher versucht er sich als »everybodies Darling«. Depressive haben oft Probleme mit Auseinandersetzungen (z. B. in der Arbeit), ihr Weltbild ist harmonistisch und geprägt von Versöhnung.

Depressive definieren sich in Bezug auf andere, sie opfern sich gerne für andere auf. »Ich liebe dich, weil du mich brauchst« oder »du musst mich doch lieben, weil ich alles für dich tue«, sind häufige Grundüberzeugungen in ihren Beziehungen. Depressive neigen dazu, kindlich und hilflos bleiben zu wollen, sie jammern und klagen, flüchten sich in die Krankheit, um Zuneigung zu erpressen. Die Aggression ist nach innen genommen, bis hin zur Autoaggression. Die großen Stärken des Depressiven sind seine Nähe, Wärme, Empathie. Depressive können geben und sich verschenken. In der Sexualität fehlt die Aggression. Das Wilde, das Scharfe wird durch viel Kuscheln kompensiert. Ihr Lebenslernziel ist es, Abgrenzung zu lernen, für sich zu kämpfen, unbequem zu werden und produktive Härte zu entwickeln.

Der Zwanghafte

Sein Thema ist die »Angst vor der Wandlung«. »Ich bin, weil ich den Zufall ausschalte« – das Motto ihres Lebens. Zwanghafte haben oft eine rigide Familienwelt erlebt, die geprägt war durch Aussagen, wie: »das tut man nicht«, »spiel dich nicht so auf«, »sei nicht gleich so sentimental«. Sie haben ihre Impulsivität ausgeschaltet und werden häufig als Eisblock erlebt. In ihrer Welt muss alles geordnet sein. Liebe kann gefährlich werden, weil sie ein Aufheben von Zwängen bedeutet und fordert, dass man sich zeigt. Gefühle werden in der Welt des Zwanghaften im Zaum gehalten, er will die anderen nach seinem Bild formen (oft Übernahme der einschlägigen Elternbotschaften) bis hin zum Sektiererischen, Fanatischen. Ehe bedeutet für ihn oft ein juristischer Vertrag, Bindung auf Biegen und Brechen, alles wird von Anfang an geregelt. Veränderung ist für den Zwanghaften gefährlich: »Wir haben ausgemacht ...«, »das war doch immer schon so ...« sind Sätze, die er gerne verwendet. Der Zwanghafte hat sein selbstgestelltes Programm, ist emotional zurückhaltend, karg, in Sexualität auch zwanghaft (immer zur gleichen Zeit, am selben Ort, in der selben Art und Weise). Wildheit ist für ihn gefährlich. Die Welt wird rationalisiert, alles muss logisch begründbar sein. Im Umgang mit anderen ist er rechthaberisch, zeigt wenig Gefühl, in der Aggression ist er stark, häufig nörgelnd, will den anderen zurecht biegen.

Der Zwanghafte lässt sich nicht gehen und bekämpft, was er sich selbst nicht gestattet. Anarchie wird nicht erlaubt, »wie kann man nur ...«. Sein Leben ist geprägt von Überkorrektheit, häufig orientiert an höheren Autoritäten. Er hat Angst vor der Endlichkeit und dem Gedanken, »niemals in den gleichen Fluss steigen zu können«. Sein Traum ist, dass alles so bleiben soll, wie es war. Die großen Stärken des Zwanghaften sind seine absolute Verlässlichkeit, seine Genauigkeit und Kalkulierbarkeit. Das Lebens-Lernziel lautet: Lernen sich auf das Verändern einzulassen (Stufengedicht von Hesse als Erlösung), bereit sein zum Neubeginn.

Hysteriker

»Ich bin, weil ich bewundert werde« – kann man als Motto über das Leben des Hysterikers schreiben. Seine Hauptangst ist die Angst vor der Notwendigkeit, Angst vor dem Zwang, Angst vor Festlegung. Die Eltern haben häufig viel Wert gelegt auf Selbstdarstellung. Langeweile ist die tödlichste Untugend in der Welt des Hysterikers. Er will wahrgenommen werden und das setzt das auf sich Aufmerksammachen voraus. Der Hysteriker fürchtet, ein Nichts zu sein, wenn er nicht auf sich aufmerksam macht. Hinter der Inszenierung steckt jedoch oft die große Leere. In der Schule ist er gerne der »Klassenclown«. Im Positiven ist er voll kreativer Kraft, er inszeniert das Leben als Rausch, nichts darf gewöhnlich und alltäglich sein und alle Welt muss das wissen. Damit ist der Hysteriker oft auch ein Meister der Erotik, denn er kann inszenieren. Er ist ständig geprägt von dem Bedürfnis nach Bestätigung. Attraktivität ist in seiner Welt außerordentlich wichtig, der Partner ist kein mündiges Gegenüber, sondern Claquer und muss Beifall klatschen. Der Hysteriker lebt in Extremen, sucht immer nach der großen Liebe, der »Traumfrau« oder »dem Traummann«. Er neigt zu Extremen, er liebt die Menschen oder verdammt sie und hat gerne Titel für sein labiles Selbstwertgefühl. In der Aggression inszeniert er Streit und neigt zur Generalisierung, zur Intrige und zur Szene: Seine Lebensangst ist die Angst vor der Notwendigkeit. Er ist der »puer aeternus«, der Peter-Pan, der nie erwachsen werden will. Sein Leben lebt er im Konjunktiv mit wenig Verbindlichkeit, der Angst vor der Endlichkeit und einem Leben wie alle anderen. Seine großen Stärken bestehen im »carpe diem«, der Hingegebenheit an den Augenblick, seiner Flexibilität und seiner oft ausgeprägten Kreativität.

6.6 Das Persönlichkeitsmodell von Distanz und Nähe, von Dauer und Veränderung

In seinem Buch »Klärungshilfen« (Hamburg 1988), wandeln Friedemann Schulz von Thun und Christoph Thomann das Modell Riemanns für den Führungs-, Coaching und Alltagsbereich ab. Die Kernelemente ihres Modells sind die zwei zentralen Gegensatzpaare »Nähe und Distanz« sowie »Dauer und Veränderung« als vier typische Grundthemen des menschlichen Lebens. Das Modell nimmt in seiner Typologie keine eindeutige Zuschreibung zu einer der Dimensionen vor. Vielmehr besagt es, dass jeder von uns alle vier Dimensionen in sich trägt – allerdings in unterschiedlichem Ausprägungsgrad. Jeder von uns verfügt über ein »Heimatgebiet«, eine Hauptpräferenz, die sich in den ersten Jahren unseres Lebens herausgeprägt, einen aktuellen »Standpunkt«, der durch unsere Lebenssituation geprägt wird, und im Zusammenhang mit beidem, über eine für ihn typische »Entwicklungsaufgabe«.

Je näher wir mit unserem Standpunkt dem Fadenkreuz des Modells kommen, umso integrierter sind die unterschiedlichen Seiten unseres Lebens. Je weiter vom Zentrum unser Standort entfernt ist, umso größer ist die Herausforderung nach Integration der unterschiedlichen Seiten.

Die Persönlichkeitspräferenzen der einzelnen Seiten

Nähe

Hier besteht der Wunsch nach vertrautem Nahkontakt. Beherrschend ist die Sehnsucht zu lieben und geliebt zu werden. Bindung wird angestrebt. Es besteht ein Bedürfnis nach Zwischenmenschlichem, sozialen Interessen, Geborgenheit, Zärtlichkeit ebenso wie nach Bestätigung der eigenen Person und Harmonie. Mitgefühl und Mitleid gehören zu den Stärken. Empathie für den anderen wird – manchmal bis zur Selbstaufgabe – gelebt.

Sonnenseite

Menschen, bei denen die Nähetendenz aktuell oder generell vorrangig ist, haben den Wunsch, den geliebten Menschen glücklich zu machen. Sie fühlen sich in den anderen ein, lesen ihm seine Wünsche von den Augen ab. Sie denken mehr an andere als an sich selbst und können sich in dem beglückenden Austausch des Nehmens und Gebens selbst vergessen. Sie sind fähig, sich hinzugeben und für den anderen da zu sein. Sie können eine wunderbare Atmosphäre für andere schaffen, sind oft Integrationsfaktor in Gruppen oder Teams.

Schattenseite

Der Nähemensch vermeidet Spannungen und Konflikte. Auseinandersetzungen geht er aus dem Weg. Er versucht es anderen recht zu machen und hat Probleme mit dem Nein-Sagen. Unter Druck hat er ein geringes Selbstwertgefühl, tut sich schwer mit Entscheidungen; er formuliert seine Wünsche unklar und undeutlich.

Distanz

Bestimmend ist hier der Wunsch nach Abgrenzung von anderen, um ein unverwechselbares, eigenständiges Individuum zu werden und zu sein. Die Betonung liegt auf der Freiheit, Unabhängigkeit und Autonomie. Das Streben nach klarer Erkenntnis des Intellekts wird deutlich.

Sonnenseite

Menschen mit dieser Tendenz haben folgende Stärken: Sie können unabhängig, autark, auf niemand angewiesen und niemandem verpflichet sein und mit sich allein zurechtkommen. Sie können sich gut abgrenzen und Nein sagen. Sie entwickeln ihre Wahrnehmung und ihren Intellekt.

Schattenseite

Distanz-Menschen haben Angst vor der Hingabe, vor der Nähe zu anderen. Sie fürchten im Nahkontakt ihre Unabhängigkeit zu verlieren. Sie wirken distanziert, kühl und manchmal auch unerklärlich aggressiv.

Dauer

Die Sehnsucht nach Dauer und der Wunsch nach Verlässlichkeit aktivieren in Menschen Grundtendenzen, die mit den folgenden Begriffen umschrieben werden können: Planung, Vorsicht, Voraussicht, Ziel, Gesetz, Theorie, System. Wille und Kontrolle. Das den Moment Überdauernde wird angestrebt, um durch Langfristigkeit Sicherheit zu erlangen.

Sonnenseite

Im zwischenmenschlichen Bereich gelten Verantwortung, Pflicht, Pünktlichkeit und Sparsamkeit, Achtung und Treue. Dauermenschen sind verlässlich und bodenständig. Sie können zielbewusst planen und halten sich gerne an liebgewonnenen Gewohnheiten fest. Sie neigen zum Sammeln und dazu, sich für das Richtige einzusetzen. Sie lieben Ordnung und Sicherheit. In guten Beziehungen setzen sie sich dauerhaft für ihren Partner ein.

Sie halten sich an Vorschriften und Prinzipien und sind bereit, ihren Platz im gesellschaftlichen System auszufüllen.

Schattenseite

Dauer-Menschen schätzen weder die Veränderung noch das

Unvorhergesehene. Sie suchen Konstanz und begegnen dem Neuen oft mit Vorurteilen. Sie neigen zum Konservativismus und zu übersteigerter Prinzipientreue. Eine große Gefahr dieses Typus ist, dass er vor lauter Planung und Absicherung nicht zum eigentlichen Leben kommt. Auch vor Entscheidungen zögert und zaudert er. In Kleinigkeiten kann er pedantisch sein und starr auf Zeit, Geld und Pflichten schauen. Häufig predigt er Selbstbeherrschung und Selbstzucht. Normen und überbrachte Werte sind ihm wichtig und bestimmen sein Leben.

Veränderung

Diese Tendenz beschreibt den Wunsch nach dem Zauber des Neuen, dem Reiz des Unbekannten und der Wagnisse. Hier geht es darum, den Rahmen zu sprengen und den Augenblick zu leben. Es besteht ein tiefes Bedürfnis nach Spontaneität, nach Höhepunkten und Ekstase, nach Charme, Temperament, Genuss, Fantasie und Verspieltheit. Alle Worte beschreiben das Grundbedürfnis nach Wechsel, nach kontinuierlichem Wandel.

Sonnenseite

Wechselmenschen können für ihre Umgebung eine Bereicherung sein. Sie bringen Farbe in den Alltag, reagieren spontan und unkonventionell, neigen zum Neuen und streben in das Feld der zukünftigen Möglichkeiten. Sie sind lebendig und lassen sich und andere leben. Sie können sich in verschiedensten Situationen gut anpassen und bewältigen sie mit ihrer eigenen Ausstrahlung. In ihrer Umgebung ist es nie langweilig. Ihre Stärke sind der Kontakt und häufig auch ihre ausgeprägte Ausdrucksfähigkeit.

Schattenseite

Ihre Schattenseite besteht letztlich in ihrer Angst vor dem wirklich Dauerhaften und Endgültigen. Sie weichen Verträgen, Verpflichtungen, Konventionen, Spielregeln und Vorschriften gerne aus. Sie sind für jede Ablenkung dankbar und daher auch meist leicht zu verführen – besonders durch ihre eigenen Wünsche und die Chancen des Hier und Jetzt. Wenn es um Konsequenzen geht, finden sie stets ein Hintertürchen zum Fliehen. Sie sind launenhaft, leicht verstimmt und unzufrieden und immer auf der Suche nach Bestätigung.

Umgang mit Krisensituationen

Der Nähemensch

Er hat das ausgedehnte Bedürfnis, die Katastrophen in seinem Leben mit anderen zu besprechen. Er weint sich gerne an einer Schulter aus. Erst im Gespräch mit anderen findet er wirklich heraus, was ihn stört oder was ihm Probleme bereitet. Sein beherrschendes Bedürfnis ist das Bedürfnis nach Wärme und Nähe.

Der Distanzler

Er sucht in der Krise Ruhe vor dem Miteinander und will Schwierigkeiten zunächst mit sich selbst bereinigen. Erst wenn er klar sieht, geht er auf andere zu und spricht über die Themen, die ihn betreffen. Bis es so weit ist, macht er jedoch eine Fülle von einsamen Spaziergängen und verbringt lange Nächte in seinem Zimmer – in seinen Gedanken.

Der Dauer-Mensch

Sein Krisenbewältigungsmechanismus ist die Ordnung. Er ordnet seine Wohnung, seine Angelegenheiten und sein Innenleben. Am liebsten geht er nach einem Konfliktlösungsschema oder nach einer Selbstbeobachtungsskala vor. Auch seine Erholung entspricht ähnlichen Gesetzmäßigkeiten: Er schätzt Zerstreuungen, die nach geordneten Regeln ablaufen, wie Schach oder bestimmte geregelte Ballspiele etc.

Der Wechselmensch

Er braucht in Konfliktsituationen erst einmal Abwechslung. Er wechselt die Kleider, stellt seine Wohnung um, schneidet oder färbt sich die Haare oder macht in Form einer Reise einen gründlichen »Tapetenwechsel«. Die »Fluchten« sind typisch und treten nicht nur in einer Form des »Weg von etwas« auf, sondern sind manchmal auch die Flucht nach vorne in der Konfliktsituation. Diese wird dadurch übersteigert, manchmal sogar genossen. Dramen und Szenen werden inszeniert und am Ende weiß manchmal keiner mehr, was nun eigentlich wirklich los ist.

Beziehungsgestaltung

In diesem Modell hat jeder Mensch ein Heimatgebiet, einen aktuellen Standort und Entwicklungsmöglichkeiten durch Verschieben seiner Grenzen. Das Heimatgebiet ist das Gebiet der Möglichkeiten, geprägt vom bisherigen Verhalten in normalen und in Grenzsituationen. Der Schwerpunkt beschreibt den Punkt des Heimatgebiets, von dem aus sich jemand selbst wahrnimmt oder empfindet. Hat eine Person ihren Schwerpunkt im Bereich der Distanz, dann heißt das nicht, dass sie nicht auch von Sehnsucht nach Nähe geprägt ist – diese ist für sie jedoch weitaus angstbesetzter als für den Nähemenschen. Umgekehrt haben Nähemenschen oft eine tiefe Sehnsucht nach Selbstständigkeit und Autonomie, bei gleichzeitig großer Angst vor dem Alleinesein. Die Grenzen des jeweiligen Typus sind nicht absolut, sondern lassen sich über erzwungene oder selbstgewählte Entwicklungsschritte erweitern.

Faszination des Gegenpols bei der Partnerwahl

In Partnerbeziehungen neigen wir dazu, uns stark von Menschen anziehen zu lassen, deren Ausprägung von der unseren deutlich unterschieden ist. Dies entspricht dem menschlichen Wunsch nach Reife und Vollkommenheit. Häufig fällt es jedoch gerade in Konfliktsituationen schwer, diese Andersartigkeit des Partners wirklich zu akzeptieren und zu verstehen.

Schattenprojektion auf den Partner

Je enger die Grenzen des Heimatgebiets und je peripherer seine Lage, umso schwieriger gestalten sich Beziehungen zu anderen. Unser Schatten, die Eigenschaften, die wir selbst nicht kennen und kaum leben, werden symmetrisch über den Mittelpunkt des Quadranten abgebildet, der dem Heimatgebiet gegenüberliegt. Dort liegt interessanterweise oft das Heimatgebiet des Partners. Damit sind viele ernste Konflikte vorgezeichnet. Im Partner begegnet man nicht nur einem anderen

Menschen, der einen ergänzt, sondern auch sich selbst, und zwar zumeist jenen Teilen des eigenen Selbst, die man nicht wahrhaben will oder abgespalten hat. Je größer das Heimatgebiet ist und je näher sein Schwerpunkt am Nullpunkt liegt, desto mehr ist der Schatten integriert.

Das Verkraftungsprinzip

In manchen Fällen neigen Menschen auch dazu, sich Partner zu suchen, deren Art und Ausprägung der eigenen ähnlich ist. Damit entspricht die Partnerwahl nicht unseren Sehnsüchten und Träumen. Diese bleiben oft über Jahre in der Beziehung unerfüllt und sorgen so für Beziehungsdynamik und im schlimmsten Fall für Sprengstoff.

Polarisierung

Unabhängig davon, ob die Partnerwahl nach dem Prinzip »Gegensätze ziehen sich an« oder »Gleich und Gleich gesellt sich gerne« getroffen wird, empfinden wir in Konflikten den Nullpunkt des Fadenkreuzes zwischen uns. Je schwieriger eine Beziehung sich entwickelt, umso deutlicher scheinen die Unterschiede zwischen den Personen empfunden zu werden.

Annäherung über Umwegschleifen

Je mehr wir versuchen, den anderen von unserer Sicht der Dinge zu überzeugen, umso mehr führt dies in Beziehungen zur Entfremdung und Entfernung voneinander. Keiner fühlt sich vom anderen verstanden und die typische Reaktion in der Kommunikation ist dann »mehr von demselben«, das immer penetrantere Bestehen auf den eigenen Vorstellungen, was in der Regel zu einer Eskalation des Konfliktes führt.

Hierzu folgende Hypothese

Der Weg zu einer befriedigenden Begegnung und Kommunikation miteinander führt selten vom Stammgebiet zur Mitte, sondern über eine Schleife zuerst vom anderen weg, bis von sich aus das Bedürfnis besteht, sich dem Nullpunkt und damit dem anderen wieder anzunähern.

Die Umwegschleife des Dauermenschen ist das Sorgen, Sichern und Versorgen, die Wechsel-Umwegschleife ist das

Ausweichen, Fliehen oder das Suchen von neuer, anderer Intensität. Die Nähe-Umwegschleife besteht im Kontaktmachen und haben dürfen, die Distanz-Umwegschleife liegt im Sichzurückziehen, ohne Schuldgefühle und Vorwürfe.

6.7 Das Typenmodell des Taibi Kahler

Auf der Basis der Transaktionsanalyse hat der amerikanische Psychologe und Berater Taibi Kahler in den 80er-Jahren sein Modell der Process-Communication entwickelt, das unter anderem in Amerika für die Rekrutierung und Personalauswahl bei Astronauten der NASA Anwendung gefunden hat. Das Modell von Kahler ist sowohl ein Kommunikations- als auch ein Persönlichkeitsmodell. In leicht verständlicher Form vermittelt die Prozess-Communication ein positives psychologisches Interventionsmodell, das den Umgang mit anderen in relativ kurzer Zeit verbessert, effektiver und effizienter gestaltet.

Das Modell der Prozess-Communikation ist ein umfassendes Persönlichkeits- und Kommmunikationsmodell. Es basiert auf wissenschaftlichen Aussagen der Verhaltenspsychologie und ermöglicht ein Erkennen von Persönlichkeit und Grundbedürfnissen. Der Differenziertheit menschlichen Verhaltens wird es aufgrund seiner Vielschichtigkeit, die 720 unterschiedliche Persönlichkeitsarchitekturen zulässt, gerecht. Das Modell geht aus vom Menschenbild der humanistischen Psychologie und setzt ausschließlich am wahrnehmbaren und beobachtbaren Verhalten an.

In seiner Modell-Logik vergleicht Kahler die menschliche Persönlichkeit mit einem Haus mit sechs Etagen. Diese sechs Etagen korrespondieren mit den sechs unterschiedlichen Persönlichkeitstypen, die Kahler identifiziert hat und die durch unsere Umweltwahrnehmung geprägt werden. Jeder von uns hat Anteile dieser sechs Persönlichkeitstypen in sich, allerdings in unterschiedlich starker Ausprägung. Der jeweilige Ausprägungsgrad kann mithilfe eines wissenschaftlich umfassend validierten Fragebogens gemessen werden.

Grundlage unserer Persönlichkeit ist der Basispersönlichkeitstyp, der zum Teil angeboren ist, zum Teil sich durch Erziehung in den ersten Lebensmonaten entwickelt. Die gesamte Architektur der Persönlichkeit mit den sechs Etagen entsteht bis zum siebten Lebensjahr, in Abhängigkeit von unserer Erziehung und Umweltprägung. Neben unserem Basispersönlichkeitstyp verfügen wir in unterschiedlicher Ausprägung über Verhaltensstrukturen der jeweils anderen Typen.

Eine wesentliche Aussage des Modells besteht darin, dass wir unabhängig von unserer persönlichen Architektur – solange wir stressfrei agieren – in der Lage sind, uns auf Menschen ganz unterschiedlicher Persönlichkeitsausprägung in angemessener Weise einzustellen, mit ihnen in Kontakt zu treten und zu kommunizieren. Geraten wir unter Stress, sind wir belastet oder gesundheitlich beeinträchtigt, fallen wir in unsere beiden präferierten Verhaltensweisen, den Basistyp unserer Persönlichkeit und den Typus unserer aktuellen Lebensphase. Mit zunehmendem Stress wird die Verhaltensflexibilität des Menschen eingeengt, und wir zeigen unter leichtem Stress das Stressverhalten der Phase, in starkem Stress das Stressverhalten unserer Basis.

Kahler ordnet jedem Persönlichkeitstypus konkrete Grundbedürfnisse zu, Stärken und Verhaltensweisen im Umgang mit anderen und unter Belastung.

Das Persönlichkeitsprofil bei sich und anderen zu erkennen und gezielt damit zu arbeiten, ist Ziel des Modells.

Kahler geht davon aus, dass derjenige, der in der Lage ist, persönlichkeitsgerecht zu interagieren

- bedürfnisgerecht motivieren,
- den geeigneten Management- und Kommunikationsstil für die jeweilige Person anwenden,
- erfolgreich ergebnisorientiert delegieren und führen,
- bedarf- und bedürfnisgerechten Kundenservice bieten,
- Konflikte vermeiden und Stressverhalten bei sich und anderen abbauen kann.

In Detail gibt das Modell der Prozess-Communication Aufschluss über:

- eigene Wahrnehmungspräferenzen,
- persönliche Stärken,
- Transparenz über den eigenen vorrangigen Führungs- und Kommunikationsstil,
- Erkenntnis des bevorzugten Interaktionsstils mit anderen,
- Ansätze zur Optimierung der Interaktion mit anderen,
- Einsicht in eigenes Stressverhalten,
- Erkennen persönlicher Misserfolgsmuster,
- Ansätze zur Stressbewältigung,
- Erkennen von Entwicklungschancen des eigenen Verhaltens.

Die Persönlichkeitstypen

Kahler unterscheidet in seinem Modell sechs unterschiedliche Persönlichkeitstypen: den Logiker, Beharrer, Empathiker, Rebell, Macher und Träumer. Er ordnet jedem dieser Persönlichkeitstypen unterschiedliche Wahrnehmungspräferenzen, spezifische Eigenschaften und Grundbedürfnisse, einen persönlichkeitstypischen Kommunikations- und Interaktionsstil sowie ein für die Person typisches Stress- und Misserfolgsverhalten zu. Wir wollen in der Folge die einzelnen Persönlichkeitstypen darstellen. Dabei gehen wir der Einfachkeit halber davon aus, dass jeder Typ in einer eindeutigen Ausprägung auftritt. Wichtig für das Verständnis des Modells ist jedoch das Bewusstsein, dass wir immer alle Typen in uns tragen, jedoch in unterschiedlich starker Präferenz.

Der Logiker

Er ist verantwortungsbewusst, logisch und gut organisiert. Menschen mit hohen Logikeranteilen nehmen ihr Umfeld über Fakten wahr. Im Vordergrund stehen für sie Analyse, Zahlen, Daten und Fakten. Menschen mit logischen Anteilen, planen ihre Zeit und haben ein stark ausgeprägtes Grundbedürfnis nach (Zeit-)Struktur. Ihre Währung ist das Denken. Ihr bevorzugter Komunikationsstil der informative Kanal, ihr bevorzugter Führungsstil das partizipative, auf Diskussion und Austausch ausgerichtete Verhalten.

Unter leichtem Stress neigen Logiker zum Antreiber »ich muss perfekt sein«, was sie dazu verführt, immer neue Details zu beschaffen, in ihrer Ausdrucksweise oft überdetailliert zu werden und nicht mehr zu delegieren. Unter stärkerem Stress wird der Logiker zum Angreifer und neigt zur Überkontrolle.

Der Beharrer

Menschen mit hohen Beharrer-Anteilen sind engagiert, gewissenhaft und gute Beobachter. Sie nehmen ihre Umwelt über Meinungen und Ansichten wahr, Normen und Werte haben ebenso wie Vertrauen und Respekt für sie einen hohen Stellenwert. Beharrer finden sich häufig in Berufen, denen eine starke Werteorientierung zugrunde liegt, wie zum Beispiel die Politik, Kirche oder auch Lehre. Sie neigen dazu ihre Meinungen nachdrücklich zu vertreten und sind ebenso mächtige Unterstützer einer einmal für richtig erkannten Sache, wie sie auf der anderen Seite auch harte Widersacher sein können. Ihr Grundbedürfnis besteht in der Anerkennung ihrer Überzeugungen ebenso wie in der Anerkennung ihrer Leistung.

Unter leichtem Stress neigen Beharrer dazu, von anderen »Perfekt-sein« zu erwarten. Dabei fokussieren sie meist auf Fehler, ohne das Richtige zu würdigen, werden streng und elternhaft und stellen komplizierte Fragen. Unter starkem Stress wird der Beharrer zum Missionar und geht für seine Vorstellungen auf »Kreuzzug«.

Der Empathiker

Empathiker sind einfühlsam, warmherzig und sensibel. Ihre Währung sind Gefühl und Mitgefühl. Sie besitzen die Fähigkeit zur Integration und können anderen Wärme und Geborgenheit vermitteln. In Gruppen finden sie meist guten Kontakt und sind ausgeprägt beziehungsfähig. Das Grundbedürfnis des Empathikers sind die Anerkennung seiner Person und sensorische Reize. Empathiker können Energie aus einem angenehmen und geschmackvollen, warmen Umfeld ziehen; oft sind sie gute Gastgeber, meist gute Kunden der Kosmetikindustrie. Der Kommunikationsstil des Empathikers ist der fürsorgliche Kanal, in dem er auch gerne angesprochen wird. Unter Stress verfallen Empathiker zunächst in den Antreiber »mach es anderen recht«. Bei stärkerem Stress neigen sie zur Überanpassung und zu Selbstzweifeln. Sie werden in ihren Entscheidungen unspezifisch und haben Probleme damit, ihre eigenen Wünsche klar zu artikulieren.

Der Rebell

Rebellen sind spontan, spielerisch und kreativ. Im Team sind sie die Ideengeber, begeisterungsfähig und humorvoll. Das Grundbedürfnis des Rebellen ist das Bedürfnis nach Kontakt. Häufig findet man sie daher auch in Berufen, die eine besonders hohe Kontaktfrequenz haben, wie zum Beispiel in Vertrieb und Außendienst. Sie sind jedoch auch in jeder Form kreativer Berufe zu Hause. Der bevorzugte Kommunikationskanal des Rebellen ist der spielerische Kanal, beobachtbar ist eine legere, manchmal fast saloppe Ausdrucksweise.

Unter leichtem Stress wirkt der Rebell angestrengt, versteht nicht und bringt andere dadurch unter Druck, bei stärkerem Stress neigt er dazu, die Rolle des Schuldzuweisers zu übernehmen. Er ist Weltmeister im Nörgeln und Meckern und klagt andere an. In der extremen Ausprägung neigt der Rebell zur Rachsucht, nach dem Motto »das werdet ihr mir büssen«.

Der Macher

Macher sind Menschen, die ihr Leben über Aktion und Tun definieren. Ihre herausragenden Persönlichkeitsstärken sind Energie, Charme und Anpassungsfähigkeit. Ihr Grundbedürfnis ist die Aufregung und die Herausforderung, die sie dazu bringt, immer wieder an ihre Grenzen und manchmal auch darüber hinaus zu gehen. Die Stärke des Typus liegt in seiner Umsetzungs- und Aktionsorientierung, die ihn unter anderem für die Rolle des Veränderers oder Sanierers prädestiniert.

Unter leichtem Stress erwartet der Macher von anderen Stärke, bei stärkerem Stress provoziert und manipuliert er und taxiert das Leistungsvermögen der anderen. Seine bevorzugte Kommunikationsart ist der direktive Kanal, sein Führungsstil der direktive Stil.

Der Träumer

Menschen mit hohen Träumeranteilen sind nachdenklich, kreativ und ruhig. Sie neigen zur Reflexion und Inaktion und haben ein Bedürfnis nach Anweisung, Führung und Rückzug. In Relation zur Umwelt geht ihr Interesse mehr dahin, die Welt zu verstehen, als sie zu gestalten. Sie besitzen einen großen inneren Reichtum und haben die Fähigkeit, in inneren Bildern zu denken und Welten entstehen zu lassen. Daher findet man sie häufig in Berufen mit Entwicklungsaufgaben. Träumer sind bevorzugt im direktiven Stil anzusprechen.

Unter leichtem Stress hat der Träumer den Antreiber »ich muss stark sein«. Wird der Stress stärker, neigt er zum Rückzug, zur Inaktion und dazu, sich zu verzetteln.

Interaktion mit dem Modell der Process-Communication

Kahler geht in seiner Typologie davon aus, dass wirklicher Kontakt zwischen Menschen immer dann entsteht, wenn es uns gelingt, den Wahrnehmungs- und Kommunikationskanal des anderen zu treffen. Gelingt dies nicht, kommt Kommunikation nicht zustande und Misskommunikation entsteht. Treffen wir jedoch die Kontakttüre des anderen, entsteht Begegnung und wirklicher Austausch.

Das Modell der Process-Communcation unterstützt dabei, sich in den Bezugsrahmen eines anderen hineinzuversetzen und seine Art der Wahrnehmung der Welt zu verstehen. Es ermöglicht eine erfolgreiche Beziehungsgestaltung, sichert angemessene Führung und Motivation anderer und unterstützt dabei durch Erfüllung der jeweiligen Grundbedürfnisse und Kontakttüren erkanntes Stressverhalten durch geeignete Interventionen abzubauen und zu beseitigen. Damit ermöglicht das Modell neben einer differenzierten Analyse der eigenen Person eine angemessene Gestaltung der Interaktion mit anderen, indem dem Prozess der Beziehungsgestaltung, dem WIE, mindestens ebensoviel Augenmerk gegeben wird wie dem WAS.

6.8 Gemeinsamkeiten der verschiedenen Typologien

Vergleicht man die Gemeinsamkeiten der unterschiedlichen Typologien, so lassen sich einige Grundzüge, die vielen Charakterlehren gemeinsam sind, herauskristallisieren und die sich zum Teil auch mit der Bedürfnispyramide nach Maslow korrelieren lassen.

Verbindend für viele Typologien ist zum einen der Grundtypus, dessen Leben auf Dauer, auf die zentripedalen Kräfte des Lebens hin ausgerichtet ist. Dahinter verbirgt sich unsere Disposition zu einem grundlegenden Wertverständnis, das prägend für die Art und Weise unseres Zusammenlebens sein soll und das einen Kodex repräsentiert, der friedliche Koexistenz organisiert und steuert. Diese Werte und Normenorientierung stellen eine offensichtlich wesentliche Grundvoraussetzung menschlichen Miteinanders dar.

Deutlich bei vielen Typologien wird auch das Element der Kreativität, des Wachstums und Veränderns – das gepaart mit Spontaneität und der Lust an Ideen und Spiel ist. Aus dieser Veranlagung ziehen wir unsere Fähigkeit zum Wandel, zu Wachstum und Entwicklung und zur vitalen Lebenslust, die eine wesentliche Grundvoraussetzung für die Erhaltung unserer ureigenen menschlichen Art darstellt. Denn in dem Moment, wo wir als Lebewesen unsere Fähigkeit zur Veränderung verlieren, verlieren wir auch die Kraft und Fähigkeit zur Anpassung an veränderte Rahmenbedingungen, die eine wesentliche Voraussetzung für den Erhalt unserer Art darstellt – wollen wir nicht dasselbe Schicksal wie die Dinosaurier nehmen.

Einher mit diesem Wunsch zum Wandel und zur Veränderung geht der für uns typische Wunsch, diesen Wandel auch aktiv zu gestalten und zu prägen. Bewusst auf das Umfeld einzuwirken, Spuren zu hinterlassen und die Welt zu prägen, scheint eine der immanenten Fähigkeiten unserer menschlichen Art zu sein, die ebenfalls immer wieder in den unterschiedlichen Typologien angesprochen wird.

Wandel und Veränderung können wir jedoch nicht allein bewerkstelligen. Als Menschen sind wir soziale Wesen und brauchen für unsere Entwicklung und unsere Existenz den anderen. Wie wissenschaftliche Untersuchungen gezeigt haben, ist der soziale Kontakt eine wesentliche Voraussetzung für eine gesunde und lebensbejahende Entwicklung. Ohne Beziehungen, den Austausch mit anderen, würden wir verkümmern – man denke z. B. an den Hospitalismus bei Kindern – und schließlich aussterben. Sozialer Austausch und soziale Bindungen stellen damit eine wesentliche artspezifische Notwendigkeit dar. Nicht umsonst werden Strafen, die mit Einzelhaft verbunden sind, mit als die grausamsten Strafen empfunden. Entsprechend unserem Bedürfnis nach Kontakt, Nähe und Wärme verbindet viele Charaktertypologien die soziale Komponente. Sie findet sich ebenso in Riemanns depressivem Charakter, in der Jung'schen Extravertiertheit und intuitiven Wahrnehmung wie in der Beschreibung des Empathikers bei Taibi Kahler.

Sind Dauer, Sicherheit und soziale Beziehungen artspezifische und ureigene Bedürfnisse, aus denen sich der Wunsch nach Veränderung und Gestaltung ableiten lässt, so geht mit diesem unsere intellektuelle und kognitive Weiterentwicklung einher. Wie Norbert Elias in seinem Buch »Prozess der Zivilisation« schreibt, hat im Laufe unserer Entwicklung die Rationalität einen zunehmenden Stellenwert erhalten. Sie unterstützt uns dabei, unsere Welt zu erforschen, Verständnis für den anderen zu entwickeln und unsere technischen Fähigkeiten weiter auszugestalten. Die Rationalität und Vernunft ist es, die uns vom Tier unterscheidet und die uns hilft, richtig und falsch zu unterscheiden, unsere Triebe in sozialverträglicher Weise im Zaum zu halten und schädlicher Aggression Einhalt zu gebieten. Damit stellt auch sie in vielen Modellen einen zentralen Bezugspunkt dar.

Über diese eher artspezifischen und zum Teil auch bodenständigen Fähigkeiten hinaus, scheint es ein Spezifikum der menschlichen Art zu sein, das Leben immer auch in einen größeren, kosmischen oder transzendentalen Zusammenhang zu stellen. Bisher wurde noch kein Stamm, keine Stammesgruppe entdeckt, die sich nicht ihre eigenen Götter, ihre eigene Religion geschaffen hat und an eine, das irdische Leben transzendentierende Kraft glaubt. Bewunderung für die Schönheit der Schöpfung, Verständnis des übermenschlichen sind hier wichtige Stichworte und Bezugspunkte.

So verwundert es auch nicht, dass vielen Typologien diese transzendentale Neigung immanent ist, hinter der der Wunsch steht, das Leben und Menschsein, den Sinn unserer Existenz zu erfassen und zu verstehen.

Damit kann man gewisse humanethologische Bedingtheiten durchaus als logische Basis und als Bezugspunkt für die Entwicklung von Charaktermodellen sehen. Bei aller Veränderung und allem Wandel wird es immer einige artimmanente Bezugsgrößen geben, die dafür verantwortlich sind, unsere Existenz und das Weiterleben unserer Art zu sichern, nämlich: ein gewisses Bedürfnis nach Sicherheit und Beständigkeit, nach sozialem Kontakt und Bindungen, nach Veränderung und Gestaltung, nach Lebenslust und Hingabe an den Moment, nach Selbstverwirklichung und Autonomie und nach Transzendenz unserer irdischen Existenz. Eben diese Punkte sind in den unterschiedlichen Charakterlehren immer wieder verbindendes Element.

6.9 Der Nutzen von Typologien für den privaten und beruflichen Alltag

Welchen Vorteil birgt nun die Beschäftigung mit diesen unterschiedlichen Typologien für unseren Alltag und für unser Leben?

Natürlich ist es immer ein verfängliches Thema, etwas so komplexes wie die menschliche Persönlichkeit in ein Raster zu fassen. Typologien sind – und können auch nicht mehr sein als Landkarten. Sie geben Orientierung, verdeutlichen Stärken und Entwicklungsaufträge, aber sie können wie die

Landkarte niemals die gesamte Komplexität und Schönheit der Landschaft wiedergeben. Dennoch können sie uns in unserem Alltag unterstützen.

Selbsterkenntnis

Typologien ermöglichen uns ein vertieftes Verständnis für uns selbst und unsere eigene Persönlichkeit mit all ihren Stärken und Schwächen. Sie zeigen uns Eignung und Fähigkeiten auf und können uns Anregungen geben, wie und wo wir uns selbst weiterentwickeln können, wenn wir erkennen, welche Seiten unserer Persönlichkeit wir nicht zu leben wagen. Sie relativieren individuelle Probleme und Fallen, indem sie sie in einen größeren und allgemeingültigen Zusammenhang stellen. Damit haben sie oft auch für den Einzelnen eine entlastende Wirkung. Und sie geben uns vertiefte Hinweise, welche Möglichkeiten der Selbstfindung und Entwicklung in uns selbst, in unserer Persönlichkeit schlummern. Und schließlich unterstützen sie uns auch dabei, uns selbst anzuerkennen, in der Art wie wir sind, und helfen uns, unseren Frieden mit uns selbst zu schließen.

Verständnis für den anderen

Typologien unterstützen uns dabei, uns in andere Menschen hineinzuversetzen und den Bezugsrahmen derjenigen zu verstehen, deren Blick auf die Welt sich deutlich von unserem eigenen unterscheidet. Sie machen uns immer wieder aufs Neue bewusst, dass es neben unserer eigenen Möglichkeit, die Welt zu erklären und zu sehen, noch andere und deutlich unterschiedliche Wahrnehmungs- und Lebensweisen gibt, die in gleicher Weise ihre Berechtigung und ihr Recht haben. Damit haben Typologien auch eine gesellschaftlich und psychologisch wichtige Wirkung. Sie helfen zu verstehen, zu akzeptieren und wertzuschätzen.

Interaktion und Beziehungsgestaltung

Typologien unterstützen uns, uns selbst und den Partner zu erkennen, sie geben uns Antworten auf die Frage, »wer bin ich?« und »wer bist du« und lassen uns erkennen, warum wir uns gefunden haben. Sie haben eine wichtige Funktion, wenn es darum geht, Beziehungsdynamiken zwischen Menschen zu verstehen und positiv aufzulösen. Sie lassen uns unsere eigenen Präferenzen und die Präferenzen des anderen erkennen und fungieren somit gleichsam als Mittler zwischen unserer Welt und der des anderen. Sie helfen uns dabei, den gerade in Konflikten so wichtigen Perspektivenwechsel in die Wahrnehmungswelt unseres Gegenübers zu leisten und neben unserem eigenen Standpunkt auch anderen Sichtweisen ihre Berechtigung zuzuerkennen. Aus dem Verständnis für die Andersartigkeit des Gegenübers erwächst die Chance zum Austausch unterschiedlicher Bedürfnisse und Wünsche – einer wesentlichen Voraussetzung zur Klärung zwischenmenschlicher Konflikte. Mit ihrer Hilfe können Diskrepanzen aufgedeckt und damit einer Lösung leichter zugeführt werden. Damit leisten sie auch praktische Lebenshilfe in herausfordernden persönlichen und beruflichen Situationen.

Matthias Jung hat einmal die Bedeutung der eigenen Charaktererforschung sehr prägnant und berührend zusammengefasst, als er sagte: »Ich glaube, wenn wir auf die Suche nach unserem Charakter gehen und eintreten in die Seelenarbeit, in die Arbeit an unserer eigenen Persönlichkeit und unserem Wesen, dann erfüllen wir unseren menschlichen Auftrag. Am Ende entsteht vielleicht in der Charakterarbeit an uns selbst die schönste Liebesgeschichte unseres Lebens, die Liebe zu uns selbst.«

Danksagung

Ich danke den vielen einmaligen Menschen, denen ich in über zwei Jahrzehnten therapeutischer Tätigkeit nahe kommen durfte.

Danke auch an die Therapeutinnen und Therapeuten, die auch nach Beendigung ihrer Ausbildung in Freundschaft mit mir verbunden blieben.

Danke an meine drei Kinder Mara, Lisa und Julian, die mir durch ihre unterschiedlichen Persönlichkeiten lebensnah den Unterschied von Theorie und Praxis beigebracht haben.

Danke an Dr. Ines Kolb, die mir als liebe Freundin und Kollegin bei der Strukturierung und Formatierung des Skripts hilfreich und ohne Murren beistand. Die im Anhang dargestellten unterschiedlichen Persönlichkeitstypologien hat Frau Kolb zusammengestellt und für das Buch aufbereitet. Bei Frau Ghenet Kesete bedanke ich mich für die künstlerische Gestaltung des Buchumschlags.

Danke auch an Sie, lieber Leser, dass sie dieses Buch erworben haben und mir – vielleicht – eine Rückmeldung und Kritik zukommen lassen.